JN234491

新版
論理
トレーニング
哲学教科書シリーズ

野矢茂樹

産業図書

はじめに

　論理を、いわゆる「論理学」という枠を越えて、より広い、より実際的な場面でとらえたい。そして、論理という技術を身につけ、論理の力を育てるための、新しい論理教育のプログラムを作りたい。そんな思いで旧版の『論理トレーニング』を出版したのが、1997年──もう「ひと昔」ほど前のことになる。

　論理を学ぶということは、たとえば小学生がはじめて九九を習うのとは異なり、すでにある程度身についているものを、鍛えなおしていく作業にほかならない。だから、ただ説明を読んでも、へたをすれば、知っていることをもったいぶって書いてあるだけという印象になりかねない。そこで、論理トレーニングは問題練習が中心となる。しかも、私としては手ごたえのない問題は作りたくなかった。ぜひ、まちがえてくやしい思いをすることで、いままでとくに意識していなかったかもしれない「論理」に気づいてほしい。そして、ある程度負荷をかけた練習を重ねることで、実際に論理の足腰を強くしてほしいのである。

　本書は教科書であるから、授業で使われることを念頭においている。ところが、旧版を出版して驚いたことに、授業ではなく、論理トレーニングを独習しようというひとがたくさんいた。そのため私は独習用に『論理トレーニング101題』という本も出版したのだが、それでも、その章末問題のほとんどに解答をつけていないことについての苦情が、旧版に対していくつも寄せられた。そこで、この「新版」では、章末問題を練習問題と課題問題に分けることにした。そして、課題問題には解答はつけていないが、練習問題にはすべて解答をつけ、必要に応じて詳しく解説も付しておいた。これによって、独習用にも十分対応できるだろう。

また、新版では旧版よりも理論構成をシンプルにした。あまり使わない概念は導入しないようにして、説明をすっきりさせてある。とにかく、強調しておきたいのだが、説明を読んだだけでは論理力は身につきはしない。私は、一問一問、この本を使ってくれるひとのことを考えながら、そのひとたちに挑戦するつもりで問題を作っていった。説明して論理を教えようというのではなく、むしろバッターに対するピッチャーのような気持ちと言えばよいだろうか。ときにバッティング・ピッチャーのように、そしてときに本気で三振をとりにいく試合中のピッチャーのように。だから、実のところ私は、授業で私の作った問題に学生たちがまちがえてくれると、うっふっふ、うれしくなってしまうのである。

　本書は、旧版からその問題のかなりのものを入れ替え、新作を投入してある。私自身、授業で旧版を使っていて、使いにくいところ、改良すべき点が目についてきたというのがその理由だが、もっとも大きい理由は、旧版で採用していた問題文に違和感をもつようになったという点である。旧版では、大学入試に使われた現代文をいくつも素材として用いていた。そして、入試では、基本的に、みごとな書き手たちによる鑑賞に堪える文章が扱われている。しかし、論理トレーニングが扱いたいのは観賞用の文章ではない。もっとふだんの文章である。不器用でも論理的に明晰な文章を、読み、書けるようになることが目標とされる。そこで、できるかぎり、入試の問題文から離れるようにした。もちろん、たまたま名文も取り上げられはしたが、名文であることにポイントはない。その意味で、いっそう実用的、実際的な文章を扱うようにした。

　こうして、新版にあたって、私はほとんど旧版を書き直すことになった。実質的に新しい本と言ってもよいのだが、部分的に旧版を利用してもいるので、「新版」と銘打ち、旧版には退場してもらうことにした。新版の方が、旧版よりも3割方、パワー・アップしているはずである。

目　次

はじめに　i

序論　論理とは何か ……………………………………………… 1
　　0.1　論理力と思考力　　1
　　0.2　狭い意味での「論理」＝演繹　　3
　　0.3　広い意味での「論理」＝言葉と言葉の関係　　7

I　接続の論理 ……………………………………………………… 15

第1章　さまざまな接続関係　17
　　1.1　解説と根拠　　17
　　1.2　付加と転換　　22
　　練習問題1　　27
　　課題問題1　　28

第2章　接続の構造　31
　　2.1　指示関係をつかむ　　31
　　2.2　接続構造の分析　　34
　　練習問題2　　39
　　課題問題2　　41

第3章　議論の組み立て　43
　　3.1　主張をつなぐ　　43

　　　　3.2　議論の構造　　45
　　　　練習問題3　　51
　　　　課題問題3　　52

Ⅱ　論　証 …………………………………………………………… 55

第4章　論証の構造と評価　　57
　　　　4.1　論証の構造をとらえる　　57
　　　　4.2　論証を評価する　　61
　　　　練習問題4　　68
　　　　課題問題4　　69

第5章　演繹と推測　　71
　　　　5.1　演繹と推測の違い　　71
　　　　5.2　仮説形成　　74
　　　　練習問題5　　82
　　　　課題問題5　　84

第6章　価値評価　　87
　　　　6.1　価値評価の論証構造　　87
　　　　6.2　価値評価の適切さ　　92
　　　　練習問題6　　97
　　　　課題問題6　　98

Ⅲ　演　繹 …………………………………………………………… 101

第7章　否　定　　103
　　　　7.1　否定と反対　　103
　　　　7.2　「かつ」と「または」　　105
　　　　7.3　「すべて」と「存在する」　　108
　　　　練習問題7　　113
　　　　課題問題7　　115

第8章　条件構造　117
　　8.1　逆・裏・対偶　117
　　8.2　条件連鎖　122
　　練習問題8　129
　　課題問題8　130

第9章　推論の技術　133
　　9.1　存在文の扱い方　133
　　9.2　消去法　135
　　9.3　背理法　138
　　練習問題9　142
　　課題問題9　143

Ⅳ　議論を作る……………………………………………… 145

第10章　批判への視点　147
　　10.1　質問への視点　147
　　10.2　異論と批判　151
　　練習問題10　158
　　課題問題10　159

第11章　論文を書く　163
　　11.1　問題をつかむ　164
　　11.2　論文を組み立てる　172

練習問題の解説と解答　177

注　201

あとがき　223

序論　論理とは何か

0.1　論理力と思考力

「論理」とは何だろうか。

ひとことで言えば、「論理」とは、言葉が相互にもっている関連性にほかならない。しかし、そのことの説明を続ける前に、まずは論理に対するひとつの一般的な誤解を解いておこう。

一般に、論理力というのはすなわち思考力だと思われているのではないだろうか。「論理的思考力」とか「ロジカル・シンキング」といった言葉がよく聞かれるように、論理とは思考に関わる力だと思われがちである。だが、そこには誤解がある。論理的な作業が思考をうまく進めるのに役立つというのはたしかだが、論理力は思考力そのものではない。

思考は、けっきょくのところ最後は「閃き」（飛躍）に行き着く。そのために、グループで自由にアイデアを出し合う、いわゆるブレーン・ストーミングなどを行なったりもする。そしてブレーン・ストーミングなどでは、論理的に一貫した発言をすることよりも、可能なかぎり自由に発想していくことの方が有効なものとなる。思考の本質はむしろ飛躍と自由にあり、そしてそれは論理の役目ではない。

論理は、むしろ閃きを得たあとに必要となる。閃きによって得た結論を、誰にでも納得できるように、そしてもはや閃きを必要としないような、できるかぎり飛躍のない形で、再構成しなければならない。なぜそのような結論に到達したのか。それをまだその結論に到達していない人に向かって説明し

なければならないのである。
　ここで重要なのは、あなたがその結論に到達した実際の筋道ではない。実際の思考の筋道は、すでに述べたように、最終的な閃きに至った紆余曲折のある道だろう。苦労話をするというのでもないかぎり、それをそのままアピールしても意味はない。どういう前提から、どういう理由で、どのような結論が導けるのか。そしてそれ以外の結論はどうして導けそうにないのか。そうしたことを、論理的に再構成して説明するのである。
　たとえば、数学の証明などはもっとも厳格な論理を展開するものと言えるが、数学者が実際に数学の証明のとおりの道筋で考えたなどということはありえない。さまざまな飛躍を含みつつ為された思考を、飛躍を許さない形で新たに書き直したもの、それが証明にほかならない。
　繰り返そう。思考の筋道をそのまま表わすのではない。思考の結果を、できるかぎり一貫した、飛躍の少ない、理解しやすい形で表現する。そこに、論理が働く。
　さらに、そのように表現されたものをきちんと読み解かねばならない。その結論はどのような根拠から導かれているのか。その根拠は結論を導くのに十分強いものであるのか。あるいは、議論全体の方向や筋道はどうなっているのか。そうしたことを的確に読み取り、理解し、また評価する。それもまた、論理である。
　それゆえ、論理力とは、思考力のような新しいものを生み出す力ではなく、考えをきちんと伝える力であり、伝えられたものをきちんと受け取る力にほかならない。つまり、論理力とはコミュニケーションのための技術、それゆえ言語的能力のひとつであり、「読み書き」の力なのである。
　より詳しく言えば、論理力とは、さまざまな言語的能力の中でも、とりわけ言葉と言葉の関係──ある言葉と他の言葉がどういう仕方でつながりあっているのか──をとらえる力である。典型的には、根拠と結論をつないでいく力、すなわち論証を読み解き、自ら組み立てる力であるが、それだけではない。人の話を聞いて、さっきの話といまの話はどう関係するのか、それを把握する力も、論理力である。そしてまた、論文や報告書、あるいは一冊の本全体の中で、その部分はどういう位置づけを与えられているのか、そうした全体と部分の関係をとらえるのも、論理の力にほかならない。
　逆に、「論理的ではない」とは、個々の主張をそれだけ取り出して考え、

それらの主張の間の関係をとらえようとしない態度である。すなわち、言葉を断片的にしかとらえられず、主張相互の関係をとらえることができないとき、その人は「非論理的」と言われてしまうことになる。

0.2　狭い意味での「論理」＝演繹

「言葉と言葉の関係」ということについて、もう少し述べておこう。

もっとも狭い意味で「論理」と言われるとき、それは「演繹」を意味する。「演繹」については本論で主題的にトレーニングすることになるので、ここでは簡単な説明ですませよう。ある前提からなんらかの結論が導かれているとき、その前提を正しいと認めたならば、必ずその結論も正しいと認めなければならないようなとき、それは「正しい演繹」と呼ばれる。あるいはこう言ってもよい。前提を正しいと認めるのに、その結論の方は正しいと認めないような人は「矛盾している」と言われることになる、そのようなものが、「正しい演繹」である。

逆に、前提を正しいと認め、かつ結論を正しいとは認めないとしても、別に矛盾しているとは言われないとき、それは演繹としては誤ったものとなる。だから、ある論証が演繹として正しいかどうかを見るには、その前提を正しいと認めたとして、そのとき結論を否定することが矛盾になるかどうかをチェックしてみればよい。矛盾になればそれは演繹として正しいものであり、矛盾にならないのであれば、それは演繹としては正しくないとされる。

単純な例を挙げてみよう。

例1　タコは8本足である。
　　　ミズダコはタコである。
　　　だから、ミズダコは8本足である。

これは二つの前提を正しいと認めたならば、必ず結論も正しいと認めねばならないような場合であり、正しい演繹とされる。実際、二つの前提を認めて、タコの足は8本であるし、ミズダコはタコだと言っているのにもかかわらず、「でもミズダコは8本足ではない」などと主張したら、矛盾していると言われるだろう。

では、次はどうだろうか。

例2　タコは8本足である。
　　　コブシメはタコではない。
　　　だから、コブシメは8本足ではない。

　コブシメというのはコウイカの一種であり、たしかに足は8本ではなく、10本である。そこで、前提も結論も正しいものとなっている。しかし、前提を正しいと認め、かつ、結論を否定して「タコは8本足だ。コブシメはタコではない。まあ、コブシメも8本足だけどね」のように主張したとしても、別に矛盾しているわけではない。つまり、例2において、その結論の正しさを認めることは、前提の正しさを認めることから導かれたものではないのである。それゆえ、例2は演繹としては正しくない。
　演繹において重要なのは、前提と結論のそれぞれの正しさではない。その関連なのである。例2におけるその関連性に注目するために、次の例3を見てみよう。

例3　タコは8本足である。
　　　ジョロウグモはタコではない。
　　　それゆえ、ジョロウグモは8本足ではない。

　これは例2と同じ形式をもっている。見比べてみていただきたい。コブシメの代わりにジョロウグモを入れただけである。例2と例3の形式だけを取り出せば、「AはBである。CはAではない。それゆえ、CはBではない」というものとなる。つまり、例2と例3において、前提と結論の関連の仕方は同じ形をしている。しかし、例3では結論は誤りであり、ジョロウグモは事実として8本の足をもつ。そこで例3の場合には、これが演繹として誤っていることはすぐに分かるだろう。だとすれば、それと同じ形式をもつ例2もまた、演繹としては誤っているのである。
　実のところ、ここにはなかなか難しい問題もあり、以上の説明ではきちんと分かりきらなかったかもしれない。しかし、きちんとした説明はまた本論で行なうとして、ここではある程度気分をつかんでおいていただければよ

0.2 狭い意味での「論理」＝演繹

い。なんとなく分かったところで、ひとつ腕試しをしてみよう。けっして易しい問題ではないが、少し考えてみていただきたい。

問1 次の文章中で演繹として正しくない点を指摘せよ。

思考は閃きを必要とする。そして閃きは誰でもいつでも得られるというものではない。いわゆる「頭のよい人」はそうした閃きを得る力に恵まれていると言えるだろう。つまり、頭のよい人は思考力もある。だが、言うまでもないことだが、誰でもシャーロック・ホームズになれるわけではない。われわれのほとんどはホームズというよりもワトスンである。そこでわれらワトスンは、むしろ論理力を鍛えようというわけである。一般に論理力すなわち思考力のように思われているが、それは誤解である。論理力は思考力とは違う。だから、論理力はけっして頭のよい人だけのものではないのである。

演繹として正しくない点を見つけられただろうか。答えは2箇所ある。ひとつしか見つけられなかった人は、ここで読み進むのを中断して、もう一度探してみてほしい。

ひとつも見つけられなかった人は、最初に出てくる接続詞「つまり」と、最後の文にある「だから」に注意して、もう一度検討してみていただきたい。

では、検討をはじめよう。

前提から結論を引き出しているところが問題になる。「つまり」や「だから」といった接続詞は、そうした箇所を示す重要な目印になる。まず、「つまり」の箇所から見よう。ここで前提と結論を整理して書き出せば、次のようになる。

　　　思考は閃きを必要とする。……①
　　　頭のよい人は閃きを得る力に恵まれている。……②
　　　つまり、頭のよい人は思考力もある。……③

①で言われていることは、閃きが思考の必要条件だということである。すなわち、少なくとも閃きがなければそれは思考ではないが、しかし、閃きがあればそれだけで十分思考として成立するというわけではない。たとえば次の「論証」を見てみよう。

例4　すき焼きには牛肉が必要である。
　　　焼肉屋では牛肉を食べられる。
　　　つまり、焼肉屋ではすき焼きを食べられる。

この事例ならば、はっきりおかしいと思えるだろう。しかし、これは問題の事例と論証の型としては同じなのである。
　第二のポイント、「だから」の箇所に移ろう。この箇所の前提と結論は次のようなものになっている。

　　　頭のよい人は思考力がある。……①
　　　論理力は思考力ではない。……②
　　　だから、論理力は頭のよい人だけのものではない。……③

これについても、同型の「論証」で、はっきりおかしいと思えるものを示してみよう。

例5　八百屋ではナスを売っている。
　　　キャベツはナスではない。
　　　だから、キャベツは八百屋だけで売っているものではない。

問題の事例に戻って見てみよう。まず①で「頭のよい人は思考力がある」と主張される。そして次に、②「論理力は思考力ではない」と主張を付加する。この時点で、頭のよい人と論理力の関係についてはまだ何ひとつ述べられていない。たしかに頭のよい人と思考力の関係については主張されている。しかし、論理力は思考力ではないのだから、頭のよい人と論理力の関係については、まだまったく白紙のままでしかない。それゆえ、これら二つの主張から「だから、論理力は頭のよい人だけのものではない」という結論

を導くことはできないのである。

　どうだっただろうか。できた人は少し胸をはって、さらに磨きをかけていただきたいが、できなかった人もここでがっかりすることはない。論理トレーニングはまだはじまったばかりなのだから。ともあれ、ここで見てとっていただきたかったのは、「論理」ということで意味される「言葉と言葉の関係」ということで、そのもっとも厳格なものとして「演繹」があるということである。ただし、演繹はもっとも厳格なものではあるが、「論理」ということで本書が扱いたい唯一のものではない。むしろ私としては、「論理」をもっと広い意味でとらえてほしいと考えている。

0.3　広い意味での「論理」＝言葉と言葉の関係

　狭い意味では演繹という関係だけを「論理」と呼ぶが、広い意味では、主張と主張の関係、あるいはある主張のまとまり全体とその部分となる主張との関係もまた、「論理」と呼ぶことができる。

　それゆえ、広い意味で「論理的」であるとは、さまざまな文や主張のまとまりが、たんに矛盾していないというだけでなく、一貫しており、有機的に組み立てられていることを意味している。私としては、この広い意味での論理トレーニングをめざしたいと考えているので、「論理」という言葉も、たんに演繹に限定せず、こうした広い意味でとらえていくことにしたい。

　ひとつ例を挙げてみたいが、せっかくだから問題の形にしよう。まずはちょっと問題文を読んでみていただきたい。

　問2　次の文章中で論理的に不適切な点を指摘せよ。
　ＨＩＶ感染の動向は、他の性感染症とあわせて総合的に性感染症全体の疫学を監視することが必要である。エイズは内科の病気であり、泌尿器科、性病科の病気とは臨床的にはまったく異なる。しかも性行為で伝播(でんぱ)するという点では、他の性感染症と同じである。しかし、他の性感染症にかかって局所に炎症があると、ＨＩＶの感染率は数倍上昇する。だからエイズ予防の視点からは、疫学的に他の性感染症と同時に扱う必要がある。[1]

たぶんなんだか頭に入ってきにくい文章だったと思う。しかし、これを読んでも別に変に思わなかった人もいるかもしれない。率直に言って、そのような人は論理トレーニング的にけっこう重症と言わざるをえない。実は、原文中２箇所の単語を書き換えてあり、そのために支離滅裂になってしまっているのである。その２箇所が発見できなかった人、ここはぜひ読み飛ばさずに、もう一度問題文をゆっくり検討してみてほしい。なんとなく勢いで読んでしまうかもしれないが、冷静に読むと、いかにも支離滅裂なものとなっている。「この２箇所かな」と見当のついた人は、では原文はどうだったかを考えてみていただきたい。

一応、基本的なことを述べておくと、「ＨＩＶ」というのは「ヒト免疫不全ウィルス（human immunodeficiency virus）」のことで、このウィルスに感染すると、エイズになるのである。ＨＩＶ感染は血液製剤によってももたらされるので、その感染にとって性交は本質的ではない。発症した場合も、とくに性器に症状が現われるというわけでもない。しかし、その感染経路の多くは性行為であり、それゆえ、性感染症としての扱いを受けることになる。問題文はその点を述べたものにほかならない。

では、検討しよう。まず、問題文を整理してとらえておく。

① ＨＩＶ感染の動向は他の性感染症とあわせて監視する必要がある。
② エイズは内科の病気であり、泌尿器科、性病科の病気とは異なる。
③ エイズは、性行為で伝播するという点では他の性感染症と同じ。
④ 性感染症にかかって局所に炎症があるとＨＩＶ感染率は上昇する。
⑤ エイズ予防の視点からは、他の性感染症と同時に扱う必要がある。

①と⑤はほぼ同じ内容である。つまり、最初に結論を言い、そのあとで理由を述べつつ、もう一度その結論を繰り返すという形になっている。そこで②から④の部分では、①ないし⑤に対する理由あるいは説明が為されていることになる。

そうしてみると、結論である①と⑤「エイズは性感染症とともに扱うべき」の理由は③と④「エイズは性行為で伝播し（③）、性感染症にかかって局所に炎症があるとエイズ感染率が上がる（④）」である。それに対して、②「エイズは泌尿器科や性病科の病気ではない」はエイズを性感染症ととも

にとらえていくこととは一見反対のことが述べられている。

　ここで、「議論の方向」あるいは「主張の方向」ということに敏感になっていただきたい。①③④⑤がひとつの方向を向いた議論であり、②はそれらとは逆方向なのである。こうした議論の方向が問題文において感じとれていたならば、問題文において②の文と③の文を「しかも」という接続詞でつないでいることに強い違和感を覚えたはずだろう。さらに、③と④は同方向の主張であるのに、「しかし」でつながれている。この点にもおかしさを感じたに違いない。

　では、どのような接続表現を用いればよいだろうか。

　まず、②と③の接続の仕方から考えていこう。そこで、そもそもどうして②という反対方向の主張が挿入されているのかを考えてみたい。②の役割は何なのだろうか。ひとつの議論のまとまりにおいて、主張はすべて同じ方向を向いているのが読みやすい文章というものであって、途中で逆走しているというのは、原文がそもそも支離滅裂なのではないか。そんな疑問が生じるかもしれない。——これは新たな問題である。

　問3　問2の問題文において、「エイズは内科の病気であり、泌尿器科、性病科の病気とは臨床的にはまったく異なる」という文の役割は何か。

　すぐに先を読み進めず、もう一度7ページに戻って問題文の全体を読み直し、考えてみてほしい。

　よろしいだろうか。それでは、検討していこう。

　ここでのキイ・ワードは、「疫学」である。①の文で「疫学を監視する」といういささか分かりにくい言い方が為されている。ちなみに、「疫学」とは、病気や事故などの原因や発生条件を統計的に調べる学問のことであるが、その点はさほど明確に分かっていなくともよい。⑤でそのポイントを「エイズ予防の視点から」と言い直してくれている。つまり、エイズを性感染症として扱うのは、「エイズ予防の視点から」なのである。だとすれば、別の視点からはエイズは性感染症とは一線を画するということになる。それ

が、②で述べられているのである。

　たんに「エイズは性病だ」などということが主張されているのではない。もしそうなら、②はよけいなものでしかない。そうではなく、ここではあくまでも「予防の視点から」「疫学的」にエイズは性感染症として扱われるということが述べられている。それは何と対比されているのか、それが②で述べられている「臨床的」視点である。エイズは、治療という視点からはクラミジア感染症や淋病といった性病とはまったく異なっている。しかし、その伝染経路を考え、予防という視点に立つと、それは性感染症として扱われるべきだ、というのである。つまり、問題文は、臨床的・治療的視点と疫学的・予防的視点が対比され、その上で、疫学的視点から主張が立てられているものにほかならない。だから、②はけっしてよけいな夾雑物ではない。

　以上の点を考えると、②の文から③の文へと展開するさいの接続詞は「しかも」などではなく、議論の方向を転換する接続詞、たとえば「しかし」がよいということになる。

　次に、③の文と④の文の関係を考えよう。

　　③ エイズは、性行為で伝播するという点では他の性感染症と同じ。
　　④ 性感染症にかかって局所に炎症があるとＨＩＶ感染率は上昇する。

もちろん、これだけを見ていても、③と④の接続関係は決まらない。あくまでも問題文全体の中で、③や④が果たしている役割を考えなければいけない。全体の結論は「エイズは性感染症とともに扱うべき」というものであるから、その観点からすれば、③も④もそう結論するための理由を与えているととらえることができる。

　性行為で伝播する（③）ということはメインの理由である。だがそれだけではない。他の性感染症にかかっているとＨＩＶ感染率が上昇する（④）。これもまた、エイズを性感染症とともに扱うべき理由を与えている。つまり、まず主たる理由が示され、ついでさらなる理由が付加されているのである。そこで、ここの接続表現は付加を示すものを使わねばならない。

　付加を示す接続詞には「そして」や「しかも」といったものがある。さて、最後の問題として、かなり微妙な問題を出してみよう。「そして」か

「しかも」を使うとして、どう違うのだろうか。そしてこの場合、どちらがよりよいと考えられるだろうか。

> **問4** 問2の問題文において「しかし」という接続詞を用いている箇所を「そして」か「しかも」に書き換えたい。「そして」を用いた場合と「しかも」を用いた場合とで、どのような違いが現われるだろうか。

問題の箇所を再掲しよう。ただし、問題の接続詞の箇所は空欄にしておく。

　　［エイズは］性行為で伝播するという点では、他の性感染症と同じである。　　　　、他の性感染症にかかって局所に炎症があると、ＨＩＶの感染率は数倍上昇する。だからエイズ予防の視点からは、疫学的に他の性感染症と同時に扱う必要がある。

「そして」でも「しかも」でも、どちらでも入るところだが、その効果はけっこう違う。ここは正解をひとつにしぼりたいところである。
　ところで、論理トレーニングとしては、たんに正解を思いついただけでは十分ではない。どうしてそれが正解であり、どうしてもう一方が不正解なのかが把握できなければいけない。
　さらに、論理トレーニングとしてはそれだけでも十分ではない。まだ正解が呑み込めていない人に、きちんとそれを説明できなければいけない。だから、これが正解だろうと見当をつけた人は、そこで満足してこの先をすぐに読み進むのではなく、もう少し立ち止まって、さらに自分がどうしてそう考えるのかを説明しようとしてみてほしい。
　別の例文で考えてみよう。

> **例6**　この本はぶ厚い。そして難しい。……①
> 　　　　この本はぶ厚い。しかも難しい。……②

どう違うだろうか。

「そして」は二つの主張をつなげるとくにクセのない接続詞である。だから、主張が付加されているときにはたいていの場合使うことができる。他方、「しかも」はそれにひと味加わっている。一般に、「A、しかもB」という言い方の背後には、AとBからともに導かれる共通の帰結Cがあると考えられるのである。つまり、「AだからC、しかもB、だからますますC」のようになる。

例6で言うならば、その共通の帰結はいろいろ考えられるだろうが、おそらく「だから読むのがたいへんだ」といったものだろう。とすれば、②は「この本はぶ厚いので読むのがたいへんだ。しかも難しいのでますますたいへんだ」というような含みがあることになる。もちろん、「この本はぶ厚いのでマクラによい。しかも難しいのでますます眠るのによい」といった帰結が導かれていることもあるだろう。いずれにせよ、「しかも」を使った段階で、そこから何か共通の帰結が導かれるだろうことが示唆されてくるのである。これは「しかも」の特徴であり、「そして」のようなたんなる付加と区別して「累加（るいか）」と呼ばれたりもする。

問題文に戻るならば、ここで導かれる共通の帰結は明らかである。「だからエイズ予防の視点からは、疫学的に他の性感染症と同時に扱う必要がある」、これが共通の帰結となる。だとすれば、ここは「しかも」を使うところだろう。そうして、「性行為で伝播するという点では他の性感染症と同じ。だから予防の視点からは他の性感染症と同時に扱わなければいけない。しかも、他の性感染症にかかって局所に炎症があるとＨＩＶの感染率は数倍上昇する。だから予防の視点からはますます他の性感染症と同時に扱わなければいけない」となり、挙げられた二つの理由が共通の帰結を導くその方向性が、より明確に示されるのである。

ちなみに、「だから」という接続詞のところに目をつけて、ここに何か不備があるのではないかと思った人もいたかもしれない。しかし、それは空振りである。ここには何も問題はない。

＊

さて、二つの例題を扱ってきたが、これはまだ論理トレーニングの本番ではない。だから、けっこう難しい問題もあえてぶつけてみた。できなかった

としても気落ちする必要はない。「そして」と「しかも」など、ふだんは何気なく使い分けているだろうが、その効果の違いをきちんと自覚して用いている人は少ないのではないだろうか。だから、問題として改めてやらされるとまごつき、さらにどうしてそう答えたのかを説明せよと言われるとうまくできなかったりするのである。もう一度、あたかも外国語に向かうようにして、日本語を、そして日本語の論理を、見直してみなければいけない。それによって、日本語が本来もっている潜在的な論理的パワーが解放されてくるはずである。

　では、どこからはじめるのがよいだろうか。論理とは言葉と言葉の関係をとらえる力である。だとすれば、そうした関係を示す言葉、主張と主張をつなぐ言葉を見直すことからはじめるべきだろう。つまり、接続詞、あるいはより広く接続助詞や副詞なども含んだ接続表現一般を見直し、その力をきちんと見積もるところからトレーニングを開始すべきである。それは日本語を語学として再学習することでもある。日本語という、すでに習熟し、分かっているつもりのものを練習させられるのはなかなかつらいかもしれない。しかし、これまで論理トレーニングを実際に大学等で教えてきた私の経験からすると、みんな案外ちゃんと分かってはいないのである。

　では、はじめよう！

I　接続の論理

　議論の流れをつかむとは、さまざまな主張のつながり具合を把握することにほかならない。そのさい、把握する議論のまとまりをしだいに大きくしていくことがだいじである。文と文のつながり方から進めて、ひとつの議論のまとまりとしてのパラグラフ相互の関係の把握へと向かう。さらには、節や章全体の相互関係をも見てとっていかなくてはならない。こうして、細部の解剖図とともに、さまざまなアングルからの鳥瞰図が得られたとき、われわれは提示された議論の理解へと前進することになる。

　接続関係は適切な接続表現を明示することによって表現しうる。ところが、日本語の使用において一般に接続表現は敬遠されがちである[2]。さらに言えば、われわれはあいまいな接続関係を好みさえする。そしてときには、あいまいに響きあう複数の叙述や問いかけが、独特の効果を生み、名文ともなるだろう[3]。

　だが、われわれはしばらく「美しい日本語」を忘れることにしよう。接続関係の明確な骨ばった文章を、正確に理解し、自分でもそのような表現を作れるようになる。そのため、あえて可能なかぎり接続表現を明示し、吟味することにしよう。それはまた、論理的な日本語の再発見でもある。

　そこで、しばらくの間、二つのことを心がけてほしい。ひとつは、自分で議論を構成するときに、意識的に接続表現を多用してみること。多少日本語が拙いものになっても当面はしょうがない。接続関係を自覚するには、明示的に接続表現を用いるしかない。手軽なトレーニングとしては、講義のノートをとるときに、接続表現を補いながらノートをとってみることを勧めた

い。ほとんど「そして」で終わってしまうような散漫な講義もあるかもしれないが、「しかし」、「それゆえ」、「なぜなら」、「一方」といった表現を明示しながらノートをとるだけでも、ずいぶん違う。

　もうひとつは、論理的な文章を読むときに、その接続関係を考えながら読む練習をすること。この文とこの文はどのような関係になっているのか。このパラグラフとこのパラグラフはどういう関係なのか。論理的に書かれたものならば、無関係なものはひとつもないはずである。「読む」とは、たんに印刷された文字の順に読んでいくことではない。まとまりをつけ、その関係を見てとっていく主体的作業なのである。ときに後戻りし、ときに距離をとって全体を眺め渡し、あるいは必要に応じてメモをとりつつ、テクストがもっている議論の運動を自ら再現していく行為、それが「読む」ということにほかならない。そのため、なるべく論証的な文章を読むようにしてほしい。そして、ときにはそれを徹底的に精読してみることである。

　第Ⅰ部では、そのための大枠を説明し、カンどころを示してみよう。

第1章

さまざまな接続関係

論理にとって重要な接続関係は大きく分けて次の四つに分類できる。

> (1) 解説 (2) 根拠 (3) 付加 (4) 転換

つまり、あることを主張するさいに、(1)その内容を解説する。(2)その主張がどうして言えるのか、その根拠を提示する。(3)そして新たな主張を付け加える。(4)あるいは主張の方向を転換する。この四つの接続関係を明確にすることによって、議論の流れもまた明確なものとなる。

以下、例題をまじえながら、順に見ていくことにしよう。

1.1 解説と根拠

1.1.1 解説

解説とは、「すなわち」、「つまり」、「言い換えれば」、「要約すれば」といった接続表現を用いて典型的に表わされる接続関係である。大雑把に「解説」と言っても、さらにいくつかのタイプに区別される。細かい分類は本筋をはずれるので簡単に触れるにとどめておくが、次のようなものがある。

(1) 要約：それまで述べてきたことをまとめて述べる。
(2) 敷衍(ふえん)：まず大づかみに示しておき、それからその内容を詳述する。
(3) 換言：理解を助けるために表現を変えて説明したり、より印象的な表現に言い換える。

以上のようにさまざまなタイプに区別されるが、ここではとりあえず一括して「解説」の接続関係としてとらえ、練習することにする。

1.1.2 根　拠
根拠の接続関係とは、理由と帰結の関係である[4]。
理由を示す典型的な接続表現としては、「なぜなら」、「というのも」、「その理由は」などがあり、あるいは、接続助詞「ので」や「から」も根拠の接続関係を表わすために用いられる[5]。
帰結を導くものとしては、「それゆえ」、「したがって」、「だから」、「結論として」などがある。「つまり」も結論を導くのに用いられるが、「つまり」はまた解説の接続表現としてもふつうに用いられ、しばしば、結論を導くのか、内容を説明するのか、あいまいなままに、あるいは両者を兼ね備えた形で、使われる。
根拠の接続関係は「論理」にもっとも密接に関わるものであり、根拠の接続表現が用いられている頻度を見れば、その文章が「論理的」であるかどうかのある程度の目安になるほどである。

1.1.3 例　示
例示は、典型的には「たとえば」で表わされる接続関係であり、具体例による解説ないし根拠づけとしての役割をもつ。具体例による解説なのか根拠づけなのかは一般に明確ではなく、むしろ、解説と根拠の中間的な、あるいは両方にまたがる位置にあると考えられる。つまり、「A、たとえばB」と言われたとき、主張Aを具体例Bで解説する場合と、主張Aを具体例Bで根拠づける場合とがあり、しばしばそれはあいまいなままに、解説しつつ根拠づけるような形で用いられる。
事例を挙げてみよう。

1.1 解説と根拠

例1 系統的な夢はもはや夢ではない。たとえば、月曜の夜毎に続き物の夢を見るとしたら、それは別の現実にほかならない。

これは、どちらかと言えば「系統的な夢はもはや夢ではない」という多少分かりにくい文を具体例によって敷衍したものと考えられるが、根拠づけという側面がないわけではない。つまり、「月曜の夜毎に続き物の夢を見るのだとしたら、たんに一夜の夢ではすまされないでしょう？」、と読者を説得しているとも考えられる。

例2 いまの大学生はあまり講義をさぼらない。たとえば、論理学の講義などでも毎回8割程度が出席している。

「いまの大学生はあまり講義をさぼらない」という主張にはとくに分かりにくいところはない。とすれば、そのように主張する根拠が問われるだろう。「どうして？」と問われて、ひとつだけの実例では根拠としては弱いと言うべきであるが、気持ちとしては根拠の提示になっている。しかし同時に、具体例による敷衍という側面もあるだろう。「あまり講義をさぼらない」というのは、どの程度のことなのか、それは主張の意味内容についての問いであり、それに対して具体例で敷衍して答えているとも考えられる。

では、解説、根拠、例示に関して例題をやってみよう。

例題1 次の文章において適切な接続表現を選び、どうしてそれが適切であり、他方が不適切なのかを説明せよ。

ルドルフ・ブルトマンは「キリスト教がはじまったのは、イエスの弟子達が、「十字架上に死んで復活したイエスは救世主(キリスト)である」という宣教を開始したときである」と言う。(a)［だから／すなわち］キリスト教は、イエスをキリストと告白する宗教のことである。(b)［だから／すなわち］イエスはクリスチャンではないし、イエスの宗教は――若干の留保をつけてではあるが――なおユダヤ教の枠内にある。イエスの教えは、換言すれば、キリスト教成立の諸前提のひとつにすぎないのである。[6]

ここで、くれぐれも語調で接続表現を選ばないでほしい。あてはめて読んでみて、雰囲気で、より違和感のないものを選ぶというのでは、適切な接続表現が選べたとしても、トレーニング効果は低いと言わざるをえない。接続表現の選択はたんなる文体の問題ではなく、議論の構造と論理に関わっている。それゆえ、さしあたりは語調などあえて無視して、あくまでも内容に即しつつ、適切な接続表現を選ばねばならない。

また、こうした問題の場合には、絶対的にどれかが正しいというわけではなく、複数の解答が可能になることもある。しかし、だいじなことは、用いる接続表現に応じて議論の構造がどう異なったものになるかを把握することである。この接続表現を使えば議論の流れはこうであるが、別の接続表現を使えば議論の流れはまた別のものになる、ということがきちんととらえられていれば、唯一の正解を求めることはさほど重要なことではない。

そこで、こうした問題では、たんに適切な接続表現を選ぶだけではなく、どうしてそれが適切であると考えられるのか、そしてまた、そこで選ばれなかった接続表現はどういうところが不適切なのかを、説明してほしい。そのさい、あなたと違う答えを出した人を想像して（実際にそのような人がいればその人に向かって）、その相手に納得してもらえるように説明を試みてほしい。形だけの説明ではなく、どう説明すれば人に分かってもらえるのかをかなり本気で考えてほしいのである。たんに適切な接続表現を選べるようになることよりも、そのような説明がきちんとできるようになることの方が、論理トレーニングとして、はるかにだいじなことである。

では、例題1の検討に入ろう。まず、議論を整理しておく。

① ブルトマンは「キリスト教がはじまったのは弟子達が「イエスは救世主（キリスト）である」という宣教を開始したときだ」と言う。
② キリスト教はイエスをキリストと告白する宗教のことである。
③ イエスはクリスチャンではないし、イエスの宗教はユダヤ教の枠内にある。イエスの教えは、キリスト教成立の諸前提のひとつにすぎない。

(a) を考えよう。① と ② の接続関係は何だろうか。
筆者は、① を根拠として、そこからさらに帰結 ② を導いて議論を展開し

ているのか。それとも、①の内容を②で再確認しているのだろうか。

　素直にとらえるならば、①と②はほぼ同じ内容であるから、①でブルトマンの言った内容を、言葉を変えて②で再確認しているものと考えられ、それゆえ、(a)では「すなわち」を用いるところだろう。

　他方、「だから」を用いると、「ブルトマンは「キリスト教がはじまったのは弟子達が「イエスは救世主（キリスト）である」という宣教を開始したときだ」と言う。だから、キリスト教はイエスをキリストと告白する宗教のことである」となり、「ブルトマンが……と言っているから、……」のようになってしまいかねない。やはり、「ブルトマンの言っていることはすなわちこういうことなのだ」とブルトマンの主張の内容をいったん取り出しておいて、それから議論を進めるという形をとる方がよいだろう。

　ただし、②を「だから、ブルトマンに従えば、キリスト教はイエスをキリストと告白する宗教のことなのである」のようにすれば、「だから」を用いることも不可能ではない。（その場合でも、①と②の内容がほぼ等しいことが、ここに「だから」を使うことをなおためらわせはするだろうが[7]。）

　次に(b)を見よう。②「キリスト教はイエスを救世主（キリスト）と告白する宗教のことである」ということには「そうだろうな」と思っても、③「イエスの教えそのものはキリスト教ではない」と言われると、「なるほど」と思うのではないだろうか。ここには比較的認めやすい前提から、より認めにくい結論への移行がある。この流れを表現するには、「だから」しかない。

　例題の解答は章末（26ページ）に示しておく。

例題2　次の文章において適切な接続表現を選び、どうしてそれが適切であり、他方が不適切なのかを説明せよ。

　人間関係をその結びつき方の形式によって分けると、「タテ」と「ヨコ」の関係となる。(a)［すなわち／たとえば］、前者は「親子」関係であり、後者は「兄弟姉妹」関係である。また、上役・部下の関係に対する同僚関係も同様である。(b)［すなわち／たとえば］、「タテ」の関係とは、同列におかれないA・Bを結ぶ関係であり、これに対して「ヨコ」の関係は、同質のもの、あるいは同列に立つX・Yによって設定される。[8]

まず、人間関係には「タテ」と「ヨコ」の関係があると言われる。

しかし、これだけではまだ言いたいことがはっきりしない。そこで解説が求められる。「タテの関係」とは何であり、「ヨコの関係」とは何なのか。与えられている解説では、タテの関係は親子関係、あるいは上役・部下の関係であり、ヨコの関係は兄弟姉妹関係、あるいは同僚関係であると言われる。ここで、親子関係や上役・部下の関係がタテの人間関係のすべてではないことに注意しなければならない。それ以外にも先輩・後輩、教師・学生等、さまざまなタテの関係があるだろう。とすれば、親子関係や上役・部下の関係は一例にすぎないとみるべきである。

それに対して問題文の後半では、タテの関係を「同列におかれないA・Bを結ぶ関係」とし、ヨコの関係を「同質のもの、あるいは同列に立つX・Y」の関係とする。これは一例ではなく、「タテの関係」と「ヨコの関係」をそれぞれ言い換えて解説したものになっている。（解答は26ページ。）

1.2 付加と転換

1.2.1 付　加

付加は主張を付け加える接続関係である。典型的には「そして」で表わされるが、付加は論理的にはもっとも弱い接続関係であるから、省略されることも多い。

注意すべき付加の接続表現として、「しかも」と「むしろ」がある。「しかも」については序論でも取り上げたが、簡単に繰り返しておこう。

(1) しかも

一般に、「A。しかもB」（たとえば、「この本はぶ厚い、しかも難しい」）と言われるとき、たんに「A。そしてB」と言われるだけでは得られない効果が出てくる。主張Bは単純に主張Aに付加されるのではなく、主張Aのもつ方向性を共有し、それをいっそう強める働きをもつのである。とりわけ、主張Aがある帰結Cを導こうとしているものであるとき、「しかもB」と付加することは、「だからますますC」という含みをもつことになる。AにBを付加するだけでなく、いわば共通の目的のもとにAを援護しようとするのが、「しかもB」の働きである。

(2) むしろ

「むしろ」は二つのことがらのうち一方を選びとることを表わす副詞であるが、そこから派生して、しばしば否定的主張に肯定的主張を付加する接続表現として用いられる。つまり、「AかBか」という選択肢があるとき、この二つのうち、まず「Aではない」と否定的に主張し、それでは言い切れていない内容を、「むしろB」と積極的に付加するのである[9]。

ひとつ例文を挙げよう。

　　子供は未熟な大人ではない。むしろ子供という一つの人格なのだ。

この場合、まず「子供は未熟な大人ではない」と主張し、「じゃあ、子供って何なんだ」と尋ねられるだろうことを予想して、「子供という一つの人格なのだ」と主張を補っていく。ここにおいて、「むしろ」は付加の接続関係を表わしている[10]。

付加の接続関係として用いられるときの「むしろ」の特徴は、「Aではない、むしろBである」のように、否定文に肯定文を付加する形になるということである。

1.2.2 転　換

転換の接続関係を表わす典型的な接続表現としては、「しかし」「だが」などがある。「A、しかしB」「A、だがB」のように言われるとき、ある主張Aに対し、なんらかの形で対立する主張Bが続けられる。これが、ここで「転換」の接続関係と呼ぶものである。

ここで重要なのは、対立する主張AとBのどちらがより言いたいことなのか、という点である。まずひとつ問題を考えてみよう。

問　次の二つの文の意味の違いを説明せよ。
(a) この店はうまいが、高い。
(b) この店は高いが、うまい。

(a)も(b)も、ともに高くてうまい店についての主張である。だが、たんにその二つの情報を並置して報告しているわけではない。(a)は「だからやめよう」と続きそうなところであり、(b)は「だから入ろう」と続きそうなところである[11]。すなわち、「この店は高いが、うまい」と言うとき、言いたいことは「うまい」の方にある。一般に、「Aだが、B」のような転換の接続構造において、多くの場合に（すべての場合ではないが）Bの方に言いたいことがくる。

このことがもっとも明確に現われた構造が、「譲歩」である。「たしかにこの店はうまい」と譲歩しておいて、「しかし高い」と本音を言う。あるいは、「もちろんこの店が有名なのは知っている」と譲歩し、そのあとで「だけど私の好みじゃない」のように続ける[12]。この場合には、「たしかにA、しかしB」や「もちろんA、しかしB」において、Aの方に言いたいことがあるなどということはありえない。

なお、問題練習は行わないが、「しかし」や「だが」にはもうひとつの重要な使い方として「対比」があるので、注意が必要である。たとえば、次の例文を見てみよう。

(c) あの店はうまい。しかし、この店は安い。どっちに入ろうか。

例文(a)の「この店はうまいが、高い」の場合には、「うまい」ということと対立する「高い」という主張がなされ、そちらの方に言いたいポイントがあった。しかし、例文(c)では、純粋にあの店とこの店が対比されている。どちらにウエイトがかかっているわけでもない。（ちなみに、この文の前の文における「しかし、例文(c)では」の「しかし」は興味深い。これは基本的に例文(a)と例文(c)を対比する「しかし」であると考えられるが、それでも、言いたいことの重みは、どちらかと言えば、いまは例文(c)についての説明の方にあるように思われる。）

1.2.3　補　足

「しかし」と類似した接続表現に「ただし」がある。いわゆる「ただし書き」であり、「補足」の接続関係を表わす。ここで、先と同様の問いであるが、次の二つの文の意味の違いを考えてみていただきたい。

1.2 付加と転換

(a) この店はうまい。しかし、高い。
(b) この店はうまい。ただし、高い。

「うまい。しかし、高い」の場合は「高い」の方に主張があるが、「うまい。ただし、高い」の場合はあくまでも「うまい」の方に主張があり、「高い」はそれを補足したものにすぎない。補足の接続関係を表わす接続表現としては、ほかにも「もっとも」などがある。

例題3 次の文章において適切な接続表現を選び、どうしてそれが適切であり、他方が不適切なのかを説明せよ。

生きた会話と開いた心とは非常に大切な関係にある。(a)［しかし／ただし］開けっぱなしの馬鹿正直とか天衣無縫の人がひとりいたからとて、会話が活発になるとはかぎらない。他の人々の心が閉じていたとすれば、会話は開放的な人のひとり合点に終わるかもしれない。他の人々は不愉快な思いで、さらに黙りがちとなるかもしれない。(b)［しかし／ただし］誰かもうひとりが少しでも心を開いて応じたら、その場の会話は生気の加わるものとなる。そして話がはずみはじめて他の人も連られて心を開くとなれば、その場の会話は思いがけぬ面白いものに転じるであろう。(13)

まず内容を整理して書き出してみよう。ただし、文ごとではなく、内容のまとまりごとに取り出す。三つ目の文「他の人々の……」と四つ目の文「他の人々は不愉快な……」はまとめて一つの内容にしておく。

A ① 生きた会話と開いた心とは大切な関係にある。

B ┌ ② 天衣無縫の人がひとりいても、会話が活発になるとはかぎらない。
  └ ③ 他の人々の心が閉じていたとすれば、会話は活発にならない。

C ┌ ④ 誰かもうひとりが心を開けば、会話は生気の加わるものとなる。
  └ ⑤ 他の人も連られて心を開けば、会話は思いがけぬ面白いものになる。

全体はA、B、Cの三つに分かれる。Aで基本的な主張を述べ、Bで転換し、Cで再び転換して、二度転換したので本線に戻る、という構造になっている。そう見れば、Bは一時的な転換で、本筋はあくまでもAとCにあると分かるだろう。(解答は下に。)

例題の解答

例題1 (a) 前後はほとんど同じ内容であるから、まずブルトマンが言ったことを提示し、その内容を言い換えていると考えられる。他方、「だから」にすると、「ブルトマンが……と言っているから……」のようになってしまいかねない。そこで「すなわち」を入れる。

(b) 「イエスはクリスチャンではないし、イエスの宗教はユダヤ教の枠内にある」ということは「キリスト教はイエスを救世主(キリスト)と告白する宗教のことである」の解説とは考えられない。むしろ、比較的認めやすい前提からより認めにくい結論を導いていると考えられる。そこで、「だから」を入れる。

例題2 (a) 親子関係や上役・部下の関係はタテの人間関係のすべてではない。それらは一例にすぎず、他にもタテの人間関係はさまざまにある。したがって、「たとえば」が適切であり、「すなわち」は不適切となる。

(b) 「同列におかれないA・Bを結ぶ関係」は「タテの関係」の内容を解説したものであり、具体例を示したものではない。「同質、あるいは同列のX・Y」というのも、「ヨコの関係」の内容を解説したものであり、具体例ではない。そこで、「すなわち」が適切であり、「たとえば」は不適切である。

例題3 冒頭で、会話を活発にするためには心を開くことが必要だと述べられる。それに続いて、ひとりが心を開いただけではだめだと述べられている。議論の本筋は、心を開けば会話が活発になるということにあるので、「ひとりだけではだめだ」というこの部分は議論の本筋から少しはずれたただし書きととらえられる。そこで(a)には「しかし」ではなく「ただし」を入れる。続いて、誰かもうひとりが心を開けば会話は活発になっていく、と述べられる。これは再び議論の本筋に戻った主張である。そこで(b)には「ただし」ではなく「しかし」を入れる。

練習問題1

問1 次の文章において適切な接続表現を選び、どうしてそれが適切であり、他方が不適切なのかを説明せよ。

(1) 争いごとの解決には「人による解決」と呼ばれるものがある。[すなわち／しかも] それは、当事者の直接の対決を避け、当事者がともにその権威を認める第三者の判断に解決をゆだねる方法である。(14)

(2) 庭というものは住まいの外にありながら、室内の雰囲気に少なからぬ影響を与える住まいの装置である。[それゆえ／たとえば] 居間などに座って何気なく外に視線を投げるとき、そこにあるのが明るい芝生の広がりであるか、こんもりした松の茂みであるかによって住まいの気分はかなり異なるだろう。(15)

(3) 地球を周回している宇宙船の中では無重量状態であり、それゆえ「軽くなった空気が上昇する」とか「重い空気が下がる」ということはない。[しかも／したがって]、宇宙船の中でおならをしても、すぐには臭わないという。ただし、ガスが濃いまま漂っているので、それが鼻のところにくると、臭い。(16)

問2 以下は下線部の文を中心的主張としてもつ議論である。そのことを考慮して適切な接続表現を選び、どうしてそれが適切であり、他方が不適切なのかを説明せよ。

　財政政策が物価や景気の安定に確実な効果をもつためには、金融政策もまた財政政策と同じ方向で協調的に働く必要がある。(a) [しかし／ただし]、例外的に財政政策が単独でも大きな効果をあげうる政策目標が、経済安定の関係で一つだけある。それは変動相場制下の経常収支に対する効果である。(b) [しかし／ただし]、財政政策の得意な分野は、本来、このような経済安定に係わる政策目標ではない。<u>それは公共支出政策や租税政策による資源配分や所得再分配である。</u>(17)

問3 次の文章において適切な接続表現を選び、どうしてそれが適切であり、他方が不適切なのかを説明せよ。

風土そのものがもつさまざまな特徴は、具体的に人間の生活と結びついて我々自身の特徴となる。(a)[それゆえ／たとえば]稲及びさまざまの熱帯的な野菜や、麦及びさまざまの寒帯的な野菜は、人間が自ら作るものであり、したがってそれに必要な雨や雪や日光は人間の生活の中へ降り込み照らし込むのである。また台風は稲の花を吹くことによって人間の生活を脅かす。(b)[だから／すなわち]台風が季節的でありつつ突発的であるという二重性格は、人間の生活自身の二重性格にほかならない。豊富な湿気が人間に食物を恵むとともに、同時に暴風や洪水として人間を脅かすという、モンスーン的風土の二重性格の上に、ここにはさらに熱帯的・寒帯的、季節的・突発的といった特殊な二重性格が加わってくるのである。[18]

課題問題1

問4 次の文章において適切な接続表現を選び、どうしてそれが適切であり、他方が不適切なのかを説明せよ。

(1) 私たちが今日男女の違いとして指摘する多くのものは、社会が異なれば変わってしまう。[つまり／たとえば]本来、男性の方が攻撃的で女性の方が優しいというが、文化人類学者の調査によれば、女性の方が本来男性より攻撃的だと思っている社会もある。[19]

(2) 日本国内で、トヨタとは、ヴィッツやカローラのような大衆車からクラウンのような高級車までを幅広く揃えた「総合自動車メーカー」のブランドだ。だからその頂点にセルシオを置くと、ブランド全体の格が上がる。他方米国では、トヨタは「安くて高品質な小型車」をイメージさせるブランドだ。そのブランドで、ベンツやジャガークラスのクルマを投入するのはいかにも座りが悪い。[だが／だから]トヨタは、米国でセルシオを売るときに「レクサス」という別ブランドを用意した。そして広告から店舗からディーラー店員の客扱いまで、すべてを「高級」のメッセージで統一した。[20]

（3）日本でも、玄関の戸は現在では引き戸ではなく、ほとんどがドアになった。［しかも／しかし］、欧米と同じようなドアでありながら、欧米と異なっているのは、外開きであることだ。ドアを内開きにすると、玄関で脱いだ靴がドアに引っ掛かってしまうからである。[21]

問5 次の文章は「なぜ熱帯にはモグラが少ないのか」について述べたものである。そのことを考慮して、適切な接続表現を選び、どうしてそれが適切であり、他方が不適切なのかを説明せよ。

モグラのように穴に潜ることを決心すれば、地中の環境は安定しているので、寒冷地や風の吹き通しの草原などではまことに快適かつ有利である。［しかし／ただし］困るのは夏の暑さである。小型動物であるモグラは代謝速度が高く、体表からの熱の放出が激しい。しかも、体から逃げた熱の行き場所がないから、地温の高い熱帯では大げさに言えば焼け死んでしまう。それで、熱帯の食虫類はもっぱら地上性で、モグラ類は分布しにくい。［しかし／ただし］、同じく地中生活性のキンモグラ類は、熱帯地を含むアフリカ大陸の南部にすんでいる。これはなぜかというと、この類は代謝速度が変動性を持つなど、外部環境に対する特殊な適応を持っているためである。[22]

問6 次の文章において適切な接続表現を選び、どうしてそれが適切であり、他方が不適切なのかを説明せよ。

木の葉が落下する様子を注意深く観察してみると、おもしろいことが分かる。木の葉は、ただ単純に落下しているのではないのだ。葉っぱの種類や、風向き、落とす高さなどによっても変わるが、木の葉はまず、そのまま真下か、少し斜め方向に、直線的に落ちはじめる。［そして／しかも］、だんだんスピードが上がるとくるくると回転しながら落下する。このような変化は、重力による加速に伴うエネルギーの流入を、いかに効率的に逃がしていくか、というバランスの下で生じている運動パターンなのである。[23]

第2章

接続の構造

　この章では、接続関係に注意しながら議論を読むトレーニングをしよう。ポイントは速く読むことにはない。むしろまったく逆で、いかにゆっくり読むかである。実際、急ぎ足で読み飛ばすよりも、何気ないところにも注意しながら立ち止まることの方が、「読む脚力」は要求される。なぜこの言葉がここで使われているのか、この箇所とこの箇所はどういう関係にあるのか。そうしたことを、きっちり考えていく。それはふだんの読書とはまったく違う作業となるだろう。

2.1　指示関係をつかむ

　仲間内の言葉には指示語が多用される。はなはだしい場合には、「それってやっぱりあれだよね」で話がすんでしまうことも珍しくはない。そしてときに指示関係が不明確なまま、話は進んでいく。だが、論理的な議論にとって不明確な指示関係は命取りである。まず、ひとつ問題をやってみよう。

　問　次の下線部の「それには」が指示する内容を明らかにせよ。
　外国に行って日本のことを聞かれると、その無知なのにわれながらあきれる人も多かろう。それには、歴史、地理の受験問題集や社会科の参考書、世界歴史年表などをカバンに入れていくと、案外役に立つ。[27]

指示語は、多くの場合、前に現われた表現を指す。それは直前のものである場合もあれば、離れたところにある場合もある。また、変則的な場合には、後に現われる表現を指す場合もあり、さらには、文中には厳密に対応する表現をもたない場合もある。たとえばいまの問題文がまさにそうである。

この文における「それには」の指示するものとして、直前の表現をそのままとって「自分の無知にあきれるためには」とするのは論外である。そうではなく、これは「そのような事態に一応対処できるように」といった内容を意味すると考えるべきところだろう。つまりこの場合は、本文中にまったく対応する言葉がないのである。

そもそも、なぜわれわれは指示表現を用いるのだろうか。もちろん、ひとつには表現の反復を避けるためである。だが、たんにそれだけではない。むしろ、指示表現のきわめて重要なポイントは**議論を接続する**ことにある。他の箇所の表現を指示することにより、それと同じ事柄がここで論じられていることを示す。そうして二つの主張をつなげるのである。

さて、そうだとするとどういうことになるか。いささか極端な場合を示してみよう。一応問題にしておくが、すぐに説明を読んでかまわない。

例題1 次の下線部の表現が指示する内容を明らかにせよ。

個人は存在するのではなくて、自己を主張し、表現することによって個人になるのであるが、そういう主張や表現を触発し、それを支える無形の力は個人に先立って存在する。それは、さしあたり眼に見える形では、さまざまなできあいの主張や表現として現われ、人びとに対してそれらの立場に参加するように誘いかける。伝統的な価値観、時代の精神、政治的なイデオロギー、さまざまな宗教や俗信の規範、日常の市民道徳や趣味の流行などが<u>それ</u>であって、これらは個人の誕生に先立って、社会の自己統一の原理、あるいは社会的な種族維持の原理として働いている。人びとはそのまえに立たされ、それを進んで選びとって自分自身の立場とするか、そうでなければ、それを拒否して別の立場を作るように迫られるのであるが、いずれにしても、この選択の姿勢が初めて個人を生むのだといえる。(28)

2.1 指示関係をつかむ

　指示表現につぐ指示表現で、あまりまねをしてほしくない文章ではあるが、この文章がこれほどまでに指示表現を多用するのには、それなりの理由がある。すなわち、こうした指示表現の放列によって、いわば指示内容が「雪ダルマ式」に膨れあがっていく構造になっているのである。

　一般的な図式で言えば、AについてBと述べられ、そのBについてCと述べられ、そのCについてDと述べられ……、こうして叙述が塗り重ねられていく構造がここにはある。それゆえ、あたかもしりとり的につながれていく指示表現の連鎖は、順に意味を重層化させていくことになる。

　冒頭のところだけ図式的に表わしてみよう。

人は自己主張によって個人になる。
　　　｜
　〈そういう主張〉を触発し、
　　　　　｜｜
　　　〈それ〉を支える無形の力は個人に先立って存在する。
　　　　　　　　　　　　　　｜
　　　　　　　　　　〈それ〉はさまざまなできあいの主張として現われ、

　最初の「それ＝そういう主張」はたしかに「自己主張」を指示するが、それはたんに「自己主張」というだけではなく、「人は自己主張によって個人になる」という内容を背負った「自己主張」にほかならない。

　次の「それ」は「無形の力」を指示するものであるが、これもまた「それは無形の力によって触発され、支えられる」という内容を背負っている。しかも、背負わされたその内容の中にある「それ」は先ほどの「人は自己主張によって個人になる」という内容を背負った「自己主張」である。

　こうして、雪ダルマ式に内容が膨れていくのである。これを指示表現を用いずに表わすことは、ほとんど不可能だろう。

　そこで下線部の「それ」を見るならば、その指示しているものは直前の「それらの立場」にほかならない。しかし、ここにも「それら」という指示が現われている。そこでさらに指示をさかのぼると、「さまざまなできあいの主張や表現」とある。だが、「それ」はたんに「さまざまなできあいの主張や表現」ならばなんでもよいというものではありえない。子どもが大人になっ

ていく過程で個を確立していくときに、それと向き合うことによって社会の中で個人となっていく、そのような力をもった「さまざまなできあいの主張や表現」こそが、ここで言われている「それ」である。

この箇所における指示表現の用い方は、実際のところ、それほどめったに見られないような大技といってよいだろう。しかしこれほど大掛かりではないにせよ、ある場合には、指示関係を明らかにするとは、その指示表現が指し示している主張のまとまりを要約するに等しい作業となる。そして実際、これは指示表現の重要な機能なのである。

解答はなかなか書きにくいかもしれないが、工夫して書いてみよう。(解答は38ページ。)

2.2 接続構造の分析

次に、接続関係に注意しながら多少入り組んだ構造をもった議論を正確に読み解くために、ちょっとした作業をしてもらうことにしたい。たとえば次の文章が与えられたとしよう。(以下、分析のため文には適宜番号を付す。)

①「××焼き」は焼き方を示し、「焼き××」は焼かれる対象を示す。たとえば、②「タイ焼き」はタイを焼いたものではなく、タイの形に焼いたものであり、それに対して「焼きソバ」はソバを焼いたものにほかならない。だから、③熱した石でイモという対象を焼いたものは「石焼きイモ」でなければならず、「イモ焼き石」ではありえないのである。

「たとえば②」は①に対する例示である。

多少微妙なのは③で、大きく見れば③はそれに先立つ①と②からの帰結であるが、③の根拠をより狭くとるならば、②は③の根拠にはなっておらず、①だけが③の根拠と見ることができる。

いずれにせよ、こうした構造は、たんに「①たとえば②だから③」と並べただけでは見えてこない。

そこで、少し工夫をしてその構造を表現することにしよう。①と②のまとまりが③の根拠としての役割をもっていることを表わしたい場合には、次のAのように表わすことができる。それに対して、とくに①だけが③の

2.2 接続構造の分析

根拠として働いていると表わしたい場合には、Bのように二次元的に表わすことができる。

A （① たとえば ②）だから ③　　　B　① たとえば ②
　　　　　　　　　　　　　　　　　　　└─だから ③

いまの場合は、どちらもそれぞれの観点からの適切な分析を表現していると言えるだろう。

以下、AやBのような図を作成することを「**接続構造の分析**」と呼ぶことにする。例題を通してさらに説明しよう。

例題2　次の①〜⑤の接続構造を分析せよ。

何ごとかを説明するとき、われわれは必ず現実からなにがしかの距離を取らなければならない。たとえば、友人のために自宅までの地図を描いて説明することを考えてみよう。① この場合にも、われわれはすでに「現実から一歩離れている」。つまり、② 地図を描くということは、自分で彼を家まで連れて来ることとは違う。むしろ、③ 現実そのものの街を彼とともに歩かないで済むところに、地図を描く効用があるのである。また、④ そのような地図を描く際、われわれは自宅に辿り着くのに必要な道筋や目安を書き込むけれども、「余りに小さなこと」や「目安にならないこと」は書き入れない。たとえば、⑤ この家には鯉を飼った池があるとか、この魚屋はめったにまけないとか、ここによく子供が遊んでいるといったことは書かないのである。同様に、説明もまた、ただ事実そのものの事細かな記述ではない。何を説明するかがまずあり、それにとって必要なことのみを詳述したものが説明なのである。[(29)]

一番大きな問題は、「① つまり」のあとである。「つまり」のあとには①の解説が続く。では、それはどこまで続くのか。③までとも考えられるし、⑤までとも考えられる。この問いに対してまだ自分の解答を考えていない人は、ここでもう一度問題文に戻って、まずこの問題を考えてみてほしい。

「①つまり（②、③）」なのか、それとも、「①つまり（②〜⑤）」なのか。

では、考えていこう。①で言われる「この場合」の指示は単純で、「友人のために自宅までの地図を描いて説明する場合」である。その場合にも、「すでに現実から一歩離れている」と言われる。地図による説明が「現実から一歩離れている」ことを指摘している部分は⑤までであるから、①の解説は②から⑤までであるようにも思われる。だが、注意しよう。目のつけどころは①の文中にある「すでに」という言い方である。（この言葉に気がつかなかった人は、「ゆっくり読む」ことがまだできていない疑いが濃厚である。）実は、ここにこの文章を読む鍵がある。

続く②と③を見てみよう。そこでは、「地図を描く場合が現実から一歩離れている」と言われる意味は、自分で実際に相手を連れて来るわけではないという点にある、と指摘される。そのあとで「また」とつながれて、④、⑤と続く。④⑤の内容を見ると、「説明に不要なことは描かない」という意味で地図は現実から距離をとっているのだと指摘される。そう見ると、②と③では地図を描くことそれ自体について述べられ、④と⑤ではさらに進んで、どういう地図を描くかについて述べられていることが分かるだろう。ここに、「すでに」の気分がある。

どんな地図であっても、地図であるかぎり、実際に相手を連れて来るのとは違う。その意味で、地図を描くというそれだけで、「すでに」それは現実から一歩離れているのである。そして続く④と⑤では、どういう地図を描くかという観点から、「目的に応じて必要なことを書き込み、不要なことは書かない」と指摘される。このように見るならば、「(①〜③) また (④、⑤)」という構造であることが見えてくるだろう。それゆえ、①の解説は②と③である。（解答は38ページ。）

ここで、こうした接続構造の図示を部分的に記号化することを考えよう。記号化するひとつの理由は見やすさであるが、もうひとつの大きな理由は、問題となる文章中に必ずしも接続表現が明示されていない場合の処置である。そうした場合、その接続関係を表わす適切な記号があった方が便利である。ただし、いたずらに新しい記号を導入するのではなく、代表的な接続表現がある場合には、それを用いることにしよう。

いま問題にしたい接続関係は、第1章で見た解説・根拠・例示・付加・転

2.2 接続構造の分析

換・補足の六つである。（さしあたりこれ以上細かい区別はここでのトレーニングの範囲外とする。）そこで、まず例示、転換、補足は代表的な接続表現があるので、それを用いることにする。

  例示……AたとえばB
  転換……AしかしB
  補足……AただしB

解説の接続関係は一括して「A＝B」と表わす。同様に根拠の関係「A。だからB」は「A⟶B」、「A。なぜならBだから」は「A⟵B」で表わし、付加の関係は一括して「A＋B」で表わすことにする。

  解説……A＝B
  根拠……A⟶B あるいは A⟵B
  付加……A＋B

これらを使えば、先の例題2の解答は次のようになる。
  (① = (② + ③)) + (④ たとえば ⑤)
では、例題をやってみよう。

例題3 次の①〜⑤の接続構造を記号と番号を用いて図示せよ。
 ① 語の意味とは、たんなる定義的意味ではない。たとえば、②「独身」という語は、「結婚していない成人」と定義される。しかし、③ この定義に当てはまるにもかかわらず、同棲しているゲイのカップルやターザンやローマ法王などを「独身」と呼べば、「それはおかしい」と思うだろう。④ この語は、「結婚およびその適齢期に関して一定の期待がある社会」という文脈でなければ、意味をなさないからである。つまり、⑤ この語は、定義を知るだけでなく、その語が用いられる文脈をも知らなければ、使用できないのである。[30]

⑤の前にある「つまり」は、解説の「つまり」なのだろうか、それとも帰結を導く「つまり」なのだろうか。そしてまた、それは「(③、④)つまり⑤」なのか、それとも「③つまり⑤」あるいは「④つまり⑤」なのか。

そこで、③～⑤を検討してみよう。まず、③で問題となる事実が指摘され、④で③の理由が示される。そして、⑤では④の内容をさらに一般的に言い直して結論としていると考えられる。④と⑤の関係を帰結ととることも不可能ではないが、試みに「④、それゆえ⑤」のようにしてみると、帰結とするには④と⑤の内容が近すぎるように思われるだろう。

なお、⑤は一般的な主張ではあるが、「この語」と言われているように、「独身」という語についての主張であるから、例示の範囲に入っている。つまり、「①たとえば(②～⑤)」である。(解答は下に。)

例題の解答

例題1 さまざまなできあいの主張や表現が提示している立場で、個人を形成するために必要な自己主張や表現を触発する力をもったもの。

例題2 (①つまり(②むしろ③)) また(④たとえば⑤)

例題3 ①たとえば(②しかし(③←―④＝⑤))

では、練習問題のために、いま導入した書き方をまとめて再掲しておこう。

```
解説   A＝B
根拠   A―→B／A←―B
例示   AたとえばB
付加   A＋B
転換   AしかしB
補足   AただしB
```

練習問題2

問1 以下の文章は、日本の「洋間」を訪れた外国人がその部屋を「和風」だといって賞賛するという設定の発言である。①〜⑤の接続構造を記号と番号を用いて図示せよ。

「窓が大きくて、天候の変化や季節の変化が部屋全体の雰囲気に影響を与えているのも、和風の最たるものよね。ヨーロッパでは屋外の変化をシャット・アウトしちゃうの。窓を小さくしてね。それから、この大きな窓が南向きなのも、和風ね。朝から陽が入って、夕方の西陽までが、だんだんめぐっていくのね。① こういう陽あたりをヨーロッパでは嫌うわ。② ワニスをたっぷり塗った年代ものの家具が色あせるし、③ 乾きすぎるとヒビワレがくるでしょう。④ カーペットも色あせるから陽あたりには出したくないの。だから ⑤ ヨーロッパでは南向きの部屋は安くて、北向きは高いの。」(31)

問2 次の文章を読んで問に答えよ。

優秀な技術は、もちろん販売を成功させるためのひとつの要素ではあるが、その寄与する程度を過大に評価してはならない。技術の独占は意外と長続きしないのである。むしろ、① 販売力のともなわない技術は、かえって経営を危うくする。② どんなにすばらしい製品も、それが一度発表されたということは、技術的な可能性が証明されたということであり、やがては必ず真似されるということである。だから、③ もし販売力が弱体なら着想を他人に教えただけのことになって、その製品のウマ味はすべて競争相手がモノにするだろう。そして、この例は実に多いのである。

ここにわが国でも有数の製薬会社がある。その会社では新製品を他社にさきがけて出すということは滅多にしない。そのかわり他社が発売すると、販売方法、その製品の売れ行き、購買層などを徹底的に調べる。このデータはおそらく発売した当の会社よりもはるかにくわしいであろう。そしてよいとなったら、ただちに全力をあげてスタートし、会社の販売力にものをいわせて数カ月のうちに猛然と追い抜き、やがて皆が気がついてみると、トップ・メーカーとなっていたというやりかたをしている。

④ このような方法は、ある意味できわめて合理的である。というのは、

⑤ まったく新規な製品を出すときは、市場がそれをどう受け取るか、信頼度の高い予測をすることは難しい。だから、⑥ このように計画的に他社の後手に回れば、相手がひとつの市場実験をしてくれて、データが有難くいただけるわけである。しかも ⑦ そのデータは再現性がはなはだよい。したがって、⑧ 当たるかどうかわからない新製品を他に先んじて出すことに比べれば、失敗の危険性を最も小さくできるわけである。<u>この方法</u>は販売力に十分の自信があるときには、利巧な方法ということができよう。(32)

(1) ①〜③の接続構造を記号と番号を用いて図示せよ。
(2) ④〜⑧の接続構造を記号と番号を用いて図示せよ。
(3) 下線部の「この方法」の内容を述べよ。

問3 次の文章を読んで問に答えよ。

ある心理学者たちはこう主張する。――① カラーテレビの画像の色は、実は目の錯覚をうまく利用したものなのである。その根拠は、② カラーテレビに映った色は3種類の光を発する光点（赤、緑、青）からなっており、たとえば、③ 黄色に見られている部分で実際に光っているのは赤と緑の光点にすぎず、④ たんにそれが小さいため明確に見えないということにある。それゆえ、⑤ 目の極端に良い人にとってや拡大鏡を用いる場合には、実際にあるようなまだらな画面が見えるであろう、というわけである。

しかしながら、小さいものが見えないことが錯覚の根拠であるとすると、われわれの知覚のほとんどすべては錯覚だということになる。たとえば、われわれはモネの描いた絵を見てそこに睡蓮の花を見出す。しかし実際にキャンバスの上に存在するのは、さまざまな絵の具の斑点にすぎない。それゆえ、睡蓮の花の知覚は錯覚である。あるいは、水道水は透明に見える。しかし、顕微鏡で見れば分かるように実際にはそこにさまざまな含有物が含まれている。それゆえ、透明さの知覚は錯覚である、といった具合である。したがって、<u>このような帰結</u>を避けるのであれば、カラーテレビの場合も、必ずしも錯覚という必要はないことになろう。(33)

(1) ①〜⑤の接続構造を記号と番号を用いて図示せよ。
(2) 下線部の「このような帰結」の内容を述べよ。

課題問題2

問4 次の①〜⑤の接続構造を記号と番号を用いて図示せよ。

① 一般に「人殺し」を問題視する人たちは、「殺す者」と「殺される者」が互いに相手を「人」として見ていることを、簡単に前提にしてしまっている。しかし、② 信じられないような殺戮が実践される裏には、おそらく「相手」をもはや「人」とは見なさなくなっている可能性がある。だから、③「なぜ人を殺してはいけないのか」という問いの立て方は、あまり実情を問う問いになっていない。④ 彼らは「人」を殺そうとはしていないかもしれないからである。むしろ、⑤「なぜ人は、人を人でないものと見なせるときがあるのか」と問われねばならないだろう。(34)

問5 次の文章を読んで問に答えよ。

ディズニーランドが不況にも強い最大の理由は、それが「カルト的ビジネス」の特徴を持っているからです。ふつうの人がふつうの遊園地に行ったならば、一つの乗り物には一回しか乗らないでしょうが、ディズニー・ファンは細かいところにも徹底的にこだわって、乗り物の横に現われる動物をすべて覚えるまで乗り続けたりします。ディズニーランドの方もマニアに応えるための仕掛けを用意していて、隠れミッキーをあちこちにちりばめたりしています。たとえば、ジープのタイヤ跡がミッキーマウスの顔になっていたりするわけです。① こういう状況を作り上げてしまえば、そう簡単にデフレに巻き込まれません。② 他に代わるものがないからです。③ ディズニー・マニアは、ディズニー以外のものでは満たされません。④「ライオン・キング」でなければならず、「ジャングル大帝」ではだめなのです。⑤ このような競争相手が存在しない商売は、デフレ時代にも価格を下げずにすむという強いポジションが保てます。だから⑥ ディズニーランドは、一般の遊園地より料金が割高でも超満員になっているわけです。(35)

（1） ①〜⑥の接続構造を記号と番号を用いて図示せよ。
（2） 下線部の「こういう状況」の内容を述べよ。

問6 次の文章を読んで問に答えよ。

① 人間の脳には皺がある。② これは、われわれが大量の情報を脳で処理しなければならないからである。すなわち、③ 脳において高度な役割を受けもつのは、大脳皮質と呼ばれるその表面、厚さ $1.5 \sim 4\,\mathrm{mm}$ の灰白質の層であり、それゆえ、④ その部分を増大させようとするならば、直径を大きくするよりも皺をつけて表面積を増やした方が有効なのである。そうして、人間の脳は $2200\,\mathrm{cm}^2$ もの表面積をもつに至っている。また、<u>このこと</u>は大量の情報処理を要求しない場合には皺はいらないことを意味している。実際、ネズミなどの脳は滑らかであり、人間でも胎生の初期には脳にまだ皺がなく、滑らかである。

(1) ①〜④ の接続構造を記号と番号を用いて図示せよ。
(2) 下線部の「このこと」の内容を述べよ。

第3章

議論の組み立て

　この章では、これまでの練習を踏まえて、議論の構造をとらえ、また、自分で議論を組み立てるためのトレーニングへと、さらに踏み出していくことにしよう。

　二つのことを強調したい。ひとつはすでに繰り返し述べたことであるが、接続表現の使い方に注意するということ。論理的な文章を作る最初の練習としては、多少文章が不細工になっても、意識的に明確で適切な接続表現を用いることがだいじである。

　そしてもう一点、つねに議論全体を意識してほしい。議論を作るということはひとつの建物を建てるようなことであり、一連の文章をただ頭から終わりまで順に書いてそれでおしまいというものではない。すべての部分は建物全体をどう支えるかというそれぞれの役割をもっている。それゆえ、たえず全体の構造とそのめざす方向が頭に入っていなければ、どのひとつの文も書き下ろすことはできないのである。

3.1　主張をつなぐ

　第1章では、「解説」「根拠」「例示」「付加」「転換」「補足」の六つの接続関係を取り上げた。ここでも、これら六つの接続関係を基本的なものとして念頭におき、自分でそれらを適切に使いこなして論理的な文章を書くための練習をしよう。

> **例題1** 次の文章をより論理的に明確になるように接続関係を明示して書き直せ。
> 　現在の金融引締め政策は、海外諸国の好況に支えられた輸出の伸びから貿易収支の好転をもたらしたが、中小企業倒産の異常な増加や株式市場の危機などを招き、産業界からは引締め緩和の要望が高まっている。(36)

　この文を見てもどこが悪いのか分からない、という人がいるかもしれない。読んでちゃんと分かるじゃないか、というわけである。なるほど、読んでも分からない文章というのは論外だが、しかし、ただ分かればよいというものではない。言いたいことを明確に、より強い力をもって、可能なかぎり読み手に負担をかけずに、伝えねばならない。

　問題文は、「金融引締め政策には、こういうよい面もあったが、こういう悪いところがあるので、引締め政策緩和の要望が高まっている」という構造をもっている。そこで、その構造はっきりさせるよう、接続関係を明示しなければならない。問題文を見ると、「……好転をもたらしたが」「危機を招き」のような接続の仕方をしている。そのため、これらの接続関係がひと目で見てとれるようにはなっていない。

　一般に、論理的な文章を書くときには「……が」というつなぎ方は避けた方がよい。「貿易収支の好転をもたらしたが」の「が」である。なぜ避けた方がよいかというと、便利だからである。かなり柔軟に適用でき、それゆえ書き手としても、接続関係にあまり自覚的になることなく、なんとなく文を「……が」でつなげてしまいがちになる。結果として、読み手もまた、なんとなく読むことになる。それゆえ、論理的な文章を書こうというのであれば、「……が」でつなげたくなったときには、より明確な接続表現に換えられないか、立ち止まって検討してみるべきである(37)。（解答は50ページ。）

　もしかしたら、章末にある例題1の解答を見ても、「問題文においてはっきりと読み取れることをくどく書いただけではないか」と思う人がいるかもしれない。そういう人には、問題文を最初に一読したときに、解答のような接続構造がすっと頭に入ってきたかどうかを尋ねたい。というのも、ここにはなかなか恐ろしい現象が見られるからである。文章は、すでにそれを理解

している人と、これからそれを理解しようとしている人とでは、異なった見え方をする。理解した目には、その理解が投影されて、見えてくる。しかし、はじめて読む人にはそういうことは起こりえない。ここに、書き手と読み手のギャップが生じる。書き手は、自分の文章であるから、理解している目で自分の書く文章を見る。それは、けっしてはじめてそれを読む人の視線ではない。それゆえ、自分の視線でしか書くことができない人の文章は、きわめて読みにくく不明確なものとなってしまいがちなのである。

　山道を熟知している人がはじめてその山を登る人のために道標を立てる。議論を書くことにおけるそんな道標が、議論の方向を明示してくれる接続表現にほかならない。

3.2　議論の構造

3.2.1　議論の大枠

　議論全体の大枠をとらえるために、「主題」「問題」「主張」という三つの概念を区別しよう。

　「**主題**」とは、それが何についての文章かということである。

　「**問題**」とは、その主題について問われていることである。

　そして「**主張**」とは、その問題に対する答えである。

　これが、議論全体の大枠を設定する。なによりもまずこの三点を押さえねばならない。

```
主題……何について
問題……何が問われ
主張……どう答えるのか
```

　この観点から、有機的な連関性と統一性を備えた議論を組み立てるためのポイントを少し述べてみよう。

　第一に、言うまでもないことだが、全体が統一した主題をもっていなければならない。何について述べているのかがフラフラするようでは、明確な議論など望めようはずもない。

次に、主張の背後にある問いが連関しあっていなければならない。一問一答の羅列のようになってしまった文章はひとまとまりの議論とは言えない。読ませる力のある文章とは、読み手に的確な問いを誘発する力のある文章である。まず問いを生じさせ、それに答える過程で、次の問いを発生させる。ひとつの問いの答えが、さらなる問いを生み出していくのである。

例題2 次の文章において、その主題、問題、主張を、それぞれまとめよ。(必ずしも問題文からの抜き書きではなく、自分で的確にまとめよ。)

自然科学の強みは実験ができることにある。そして実験の本質は、その再現可能性にある。実のところ、自然界に起こっている現象はけっして再現可能ではない。一枚の紙をある高さから落としてみても、同じ落ち方は二度とはしない。そこで、現象が再現可能になるような形で、実験を行なうのである。たとえば、糸の長さを精密に測るという問題が課せられたとする。これはなかなか厄介な問題であって、糸というものは、実際に測ってみればすぐわかるように、その長さを精密に決めることはほとんど不可能に近いものである。むしろ精密な長さというものがないといった方が、よいかもしれない。糸をだらんとさせておけば、その長さは測れない。そうかといって、ぴんと張ると、その張り方によっていろいろに伸びるわけである。それに湿度も効いてくる。糸が湿ったり、乾いたりすると、長さが伸び縮みする。また温度も効いてくる。それで精密に測ってみると、張力により、湿度により、温度によって、長さがみな違った値に出てくる。そこで他の要素を一定にしておいて、その中の一つの要素だけを変化させてみる。たとえば一定の湿度及び温度のもとで、張力をだんだん変えて、長さを測ってみる。あるいは張力を一定にしておいて、湿度をいろいろに変えて測ってみる。そういうふうに長さの測定を、各要素ごとに、その要素の値が決まれば糸の長さも定まるようにして、精密に行なう。そうすれば、いろいろな要素が重なり合った、ある条件のもとにおける糸の長さというものを決めることができる。このように、ほかの条件をなるべく一定にして、ある現象を再現可能なものにする。それが実験なのである。[38]

3.2 議論の構造　　　　　　　　　47

　主題として、「自然科学について」や「実験について」では、漠然としすぎている。もっとこの問題文に即して特定された主題を考えてほしい。とはいえ、糸の長さについてたいへん興味深いことが書かれているということから、「糸の長さについて」あるいは「糸の長さの測定について」が主題だと考えるのも、適当ではない。

　次に、「問題」と「主張」についてであるが、問題と主張とは表裏一体のものである。問題の答えになるような主張を取り出し、また、主張が答えになっているような問題をとらえなければいけない。（解答は50ページ。）

3.2.2　議論の基本形式

　議論の組み立てにはさまざまな工夫が可能である。しかし、そうした工夫を学ぶのに先立って、もっとも単純で骨太な基本形式を押えておきたい。

　あることがらAを主張したとしよう。そのとき、その主張に関して二種類の問いかけがありうる。

(1) その主張の意味がよく分からない場合。そのときには、主張Aに対して「どういうこと？」と尋ねられる。
(2) その主張の理由がよく分からない場合。そのときには、主張Aに対して「なぜ？」と尋ねられる。

　そこで、「どういうこと？」と問われたならば「解説」を与え、「なぜ？」と問われたならば「根拠」を示すことになる。

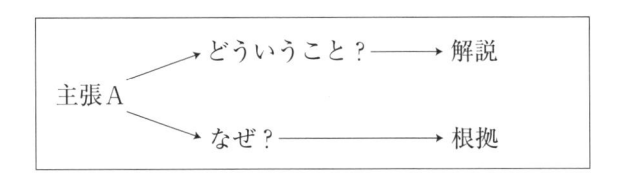

```
主張A ┬─→ どういうこと？ ─── → 解説
      └─→ なぜ？ ──────── → 根拠
```

　さらに、示された解説や根拠に対してもまた、「どういうこと？」という問いかけや「なぜ？」という問いかけが為されることもあるだろう。こうして、それ以上解説も必要とされず、また根拠も十分であるとみなされるよう

になったならば、そのとき主張Aは明確に、かつ説得力をもって、主張されたということになる。

そこで、主張Aが明確に・説得力をもって主張されたならば、次の主張Bに移る。

ここで、主張Aと主張Bの接続の形は（それはもう解説や根拠ではないので）、「付加」か「転換」のいずれかということになる。すなわち、BがAと同方向であり、Aをそのまま受け継いで、それに加えてBを主張するのであれば、BはAに「付加」されたのであり、「A。そしてB」のような形で表わすことができる。それに対して、なんらかの形で主張の方向が変化しているのであれば、BはAの方向を「転換」しているのであって、「A。しかしB」のような形で表わすことができる。

もちろん、主張Bに対しても、「どういうこと？」と「なぜ？」という問いかけはありうる。その場合には、主張Bに対しても解説や根拠が示されることになる。そうして、主張Bが明確に・説得力をもって主張されたならば、次の主張Cに移る。以下、同様である。

模式的に図示してみるならば、こうなる。

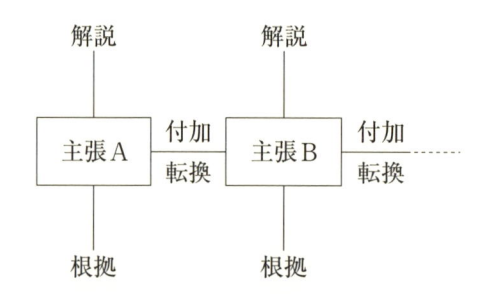

```
        解説            解説
         │              │
    ┌────┴───┐  付加  ┌──┴────┐  付加
    │ 主張A │────────│ 主張B │────── ‥‥
    └────┬───┘  転換  └──┬────┘  転換
         │              │
        根拠            根拠
```

もちろんこれは、実際の論述の仕方としてはあまりに単純すぎるものではあるが、議論の構造の基本形は、煎じ詰めればけっきょくこういうことにほかならない。少なくともこのように整理しておけば、議論を読み解いたり、自分で組み立てたりするときに、ずいぶん頭の中がすっきりするのではないだろうか。

繰り返そう。**議論の基本は、必要に応じて解説や根拠を伴った主張を、付加か転換の形でつなげていくこと、ここにある。**

3.2 議論の構造

では、例題をやってみよう。

例題3 次の文章を読んで、問に答えよ。
① 考えてみると、私たちの翻訳語というのは、ずいぶん奇妙なことばである。② その翻訳語自体の意味は、むしろ乏しいことが多い。しかし、③ それ自体に意味が乏しいからこそ、どんな異質な原語にも対応できる。④ その対置された原語のもつ意味が、その意味とされるのである。たとえば、⑤ society を「社会」と置きかえる。⑥ 「社会」ということばは、もともと society の翻訳用に造られたことばである。⑦ 「社」や「会」は漢字であり、漢字の熟語としても「社会」ということばはないわけではない。しかし、⑧ 「社」や「会」の意味から「社会」の意味を考えても無駄である。⑨ 「社会」の意味はもっぱら society にかかっている。⑩ 「社会」は、society とまったく意味が一致することばである、とふつうは考えられている。

しかし、⑪ それは、日本人の一大発明であった。⑫ 明治のはじめ、圧倒的に優越したヨーロッパ文明に直面したとき、私たちの先人たちは、先進文明のことばをそのままの形で呑みこんでしまわずに、何とか日本語の形に変えて受けとめようとした。⑬ その結果、中国渡来のことばを利用し、しかも ⑭ 変質させ、もうひとつ別のことばの層を造りだしていったのである。(39)

問 上の文章に関する次の文章の空欄 a 〜 g に、適当な語句ないし文番号を入れよ。
文章全体から二つの主張 [a] と [b] を取り出し、全体を、主張 a およびそれに対する解説ないし根拠の部分と、主張 b およびそれに対する解説ないし根拠の部分としてとらえたい。そのとき、主張 a に対する [c] になっているのは [d] の部分であり、主張 b に対する [e] になっているのは [f] の部分である。そして、主張 a と主張 b の接続関係は [g] である。

全体の構造を図示するならば、次のようになる。

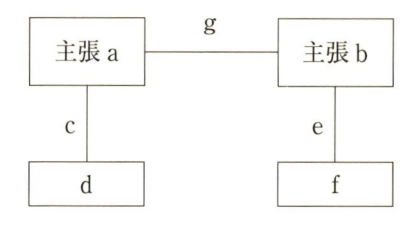

```
┌─────┐  g  ┌─────┐
│主張a │─────│主張b │
└──┬──┘     └──┬──┘
   │c          │e
┌──┴──┐     ┌──┴──┐
│  d  │     │  f  │
└─────┘     └─────┘
```

このように整理してみると、とても単純な構造であることが分かるだろう。全体は①〜⑩の部分と⑪〜⑭の部分に分かれ、両者は「しかし」でつながれている。骨格だけ取り出すならば、「翻訳語というのは奇妙なことばである。しかし、それは日本人の一大発明だったのだ」というものとなる。
（解答は下に。）

例題の解答

例題1　現在の金融引締め政策は、<u>なるほど</u>海外諸国の好況に支えられた輸出の伸びから貿易収支の好転をもたらしたが、<u>しかし他方で</u>、中小企業倒産の異常な増加や株式市場の危機などを招き、<u>そのため</u>産業界からは引締め緩和の要望が高まっている。

例題2
主題：実験の再現可能性について
問題：実験はどのようにして再現可能性を実現するのか
主張：調べたい要素以外の条件を一定にして、調べたい要素の値がきまればそのときの実験結果も定まるようにする。実験はこのようにして再現可能性を実現している。

例題3　　a：①　　　b：⑪　　　c：解説　　d：②〜⑩
　　　　　　e：解説　　f：⑫〜⑭　　g：転換

練習問題3

問1 次の文章をより論理的に明確になるように接続関係を明示して書き直せ。

　慣れないスピーチをするようなとき、口の中がカラカラに乾くが、危険な状況に陥ると、一般に動物の体は必要な機能を活性化し、不必要な機能を停止する。襲ってきたライオンから逃げるとき、さっき食べたものを消化しているヒマなどありはしない。危険なときには唾液腺をコントロールする神経は抑圧され、スピーチのときも口が乾くのである。(40)

問2 次の文章において、その主題、問題、主張を、それぞれまとめよ。（必ずしも問題文からの抜き書きではなく、自分で的確にまとめよ。）

　今日の日本では、人体の一部の無償提供は禁止されていない。献血や、骨髄や腎臓の提供はむしろ立派な行動と考えられている。ところが臓器の売買は法律によって禁止されている（臓器移植法第11条）。だがそれはなぜだろうか？　臓器を無償で提供することと有償で提供することに、どうしてそんな相違があるのだろうか？　前者の人は患者を助けたいという利他的欲求だけから出ているのに、後者の人はそれよりも臓器の対価を得たいという利己的な欲求が強いからいけないのだろうか？　しかし取引によって自分の利益を得たいというのは自然な欲求で、これを一般的に禁止していたら市場経済は成り立たない。だが議論の都合上百歩譲って、臓器移植の場合は無償の贈与のほうが望ましいと認めてみよう。しかしそうだとしても、臓器を無償で提供するほうが有償で提供するよりも賞賛に値する、と言えるにとどまる。はじめから臓器を提供しない人と比べて、有償で提供する人が非難されるべき理由があるだろうか？　前者の人々は臓器移植を求めている人々から利益を得ているわけではないが、その一方彼らに利益を与えているわけでもない。これに対して、自分の臓器を売る人々は対価と引き換えにではあるが、その対価以上に臓器移植を求めている人々にとって望ましい選択肢を与えている。臓器を売る人のほうが売らない人よりも社会のために役立っているのである。(41)

問3 次の文章を読み、根拠の関係にあるものをすべて取り出し、その関係を、「①⟶(②〜⑤)」や「(①②)⟵③」のように文番号と記号を用いて答えよ。

① 刺身は活け造りにかぎるかといえば、そうでもない。② 締めたばかりの魚は、実はまだおいしくないのである。③ タイなどの刺身は身のしまったコリコリした感触にそのうまさがある。そして ④ 一般に、魚肉のような、タンパク質でできているものは、アルカリ側だとドロリとした感じになり、酸性になるとコリコリとした感触になってくる。ところが、⑤ タイなどの白身の魚は、生きているときはややアルカリ側にあり、締めてから徐々に乳酸などが身の中にできて、魚肉が酸性になる。だから、⑥ 活け造りはかえってドロリとした感触になり、むしろしばらくたった身の方がコリコリしておいしいのである。さらに、⑦ 締めたあとしばらく寝かせておいた方が、うま味が出ておいしくなる。⑧ 魚のうま味成分は、主にグルタミン酸とイノシン酸である。⑨ この内、グルタミン酸の方はほとんど増減しない。他方、⑩ イノシン酸は、魚が生きているときには肉の中にわずかしか含まれないのだが、死後に猛スピードで増えてくる。そして ⑪ イノシン酸は、ほんの少し増えても、グルタミン酸との間に相乗作用が起こって、はるかに強くうま味を感じるようになるのである。(42)

課題問題3

問4 次の文章をより論理的に明確になるように接続関係を明示して書き直せ。

日本工業規格（JIS）の定義に従えば、「誤差」とは「測定値から真の値を引いた値」とされるが、真の値が不明だからこそ、測定値を求めるのであり、測定値を求めたからといって誤差が求められるわけではなく、この定義はこのままではまったく役に立たない。(43)

問5 次の文章において、その主題、問題、主張を、それぞれまとめよ。（必ずしも問題文からの抜き書きではなく、自分で的確にまとめよ。）

不妊は病気だろうか。いま、妻の側に原因がありそうな場合を考えてみよう。最近では、医学の発達によってそうした不妊の理由が明らかにされてき

ている。たとえば、卵巣から子宮に卵子を送り出す卵管に問題のあることも多い。しかし、ある女性の不妊の原因がそのように突き止められたとき、それでその女性が病気だと言えるだろうか。たしかに妻は一度は子どもを産むのが「ふつう」であるかもしれない。しかし、子どもを産まないからといって、それだけで彼女たちを病気だと考える人はいないし、彼女たちも自分が病気などと思わない。その女性の卵管に「異常」があるというにしても、だからといってその女性が病気ということにはならない。自分には子どもがなくてもよいと思い、いままでどおり充実した生活を送っていくとすれば、その女性はしごく健康というべきである。しかし、その女性がどうしても自分の子どもがほしいと思い、手術を受けようとしたとき、その女性は「不妊症」という病気を引き受けたといえるだろう。(44)

問6 次の文章を読み、解説の関係にあるものと、根拠の関係にあるものをすべて取り出し、その関係を、「①=（②〜⑤）」や「（①②）←──③」のように文番号と記号を用いて答えよ。

① 日本語には未来時制がない。② 英語の"will"のような未来時制を作ることのできる語は、日本語には存在しないのである。たとえば、③「太郎は明日来る」の「る」は未来時制のようにも思える。しかし、④「隣室から話し声が聞こえる」のような場合、この「る」は現在を表わしている。だから、⑤「る」は未来時制を作る語ではない。⑥ それは、たんに過去ではないことを表わすものであり、このような時制は「非過去時制」と呼ばれる。また、⑦「だろう」も未来時制を作る語ではない。たしかに、⑧ 英語の"It will rain tomorrow."を訳すと「明日は雨が降るだろう」になる。しかし、⑨「だろう」は「彼女はもう仕事が終わっただろう」のように過去の事柄にも用いられる。また、⑩ 未来の事柄でも、「私は明日二十歳になる」のように、確実に起きると分かっていることについては、「私は明日二十歳になるだろう」とは言わないのである。(45)

II 論証

　第Ⅰ部では、さまざまな接続関係に注目して、議論を読み、また議論を組み立てるための練習を行なったが、第Ⅱ部においては、その中でもとくに根拠の関係に注目してトレーニングを行なう。

　ここでわれわれが「論証」と呼ぶものは、まさにこの根拠の接続関係によって構成されているものである。

　「論証」と言うと、いかにも堅苦しい議論だけに限定されるような印象をもってしまうかもしれないが、けっしてそうではない。「なぜ」の問いかけに対して「なぜなら」と答えていく、日常的に為されるそうしたやりとりをすべて「論証」と呼ぶ。それゆえ、「論証」とは何か難しげな論文の中にあるだけのものではない。競馬の予想も根拠を提示するならば論証であり、どこに昼食を食べに行くかを決めるのも、根拠を挙げて提案するならば論証である。

　たんに主張を羅列するだけでは議論にはならない。何を言いたいのかだけではなく、なぜそう言えるのかも示す。そうして互いの主張とその根拠を吟味してはじめて、議論になる。だから、なによりもまず、なんらかの主張に対して「なぜ」の問いを投げかけることからトレーニングははじまる。

　ひとつ簡単なトレーニングがある。講義などで教師がなにごとかを主張するとき、「なぜそんなことが言えるのか」と問うてみるのである。どうしてそういうことが分かったのか。何に基づいてそのような事実が明らかになったのか。なぜこの人はそう考えるのか。ときには実際に教師に質問してみるとよい。少なくとも大学では、「なぜ」の問いに答えてくれないような授業

は許されるべきではない[46]。

　「なぜ」の問いとそれに対する応答を具体的に見ていくと、「なぜ」の問いへの答え方にもさまざまなタイプがあり、そのタイプに応じて、答え方の適切さを評価する仕方も異なっていることが、分かってくるだろう。そこで第Ⅱ部では、いくつかの論証のタイプ（演繹、推測、価値評価）を説明し、その論証の構造をとらえ、さらに論証の適切さを評価するトレーニングを行なおう。

第4章

論証の構造と評価

　まず、いくつかの論証のタイプを検討する前に、本章では、論証について一般的なことを述べる。最初に、論証の一般的な構造について基本的なことを説明し、論証の構造をとらえる練習をする。ついで、論証の適切さを評価するということがどういうことなのかを述べよう。

4.1　論証の構造をとらえる

4.1.1　論証と導出
　論証とは、ある結論に対してなんらかの形で根拠が提示されているもののことである。

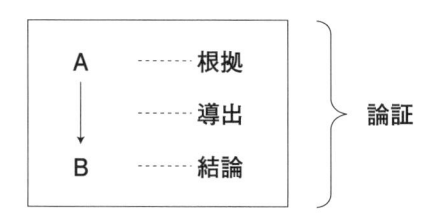

```
  A   ------ 根拠   ⎫
  ↓   ------ 導出   ⎬ 論証
  B   ------ 結論   ⎭
```

　ここでなによりもだいじなのが、「論証」と「導出」を区別することである。論証は根拠と導出を含む全体であるから、その適切さは、適切な根拠から適切な導出によって結論が導かれているかどうかによって評価される。そ

れに対して、導出とはあくまでもある主張から他の主張を導く過程のことであるから、その適切さは根拠の適切さとは独立に評価される。それゆえ、導出が正しいのに、論証全体としては誤りとなる場合も生じる。

例を示そう。

例1　ペンギンはコケコッコーと鳴く。コケコッコーと鳴くのは鳥である。だから、ペンギンは鳥である。

例1は、根拠「ペンギンはコケコッコーと鳴く」が誤りであるから、全体として誤った論証になっている。しかし、導出だけに関して言えば、もしペンギンがコケコッコーと鳴き、そしてコケコッコーと鳴くのが鳥であるならば、なるほどペンギンは鳥であろうから、この導出そのものは適切であることになる[47]。こうしたことは、論証の評価を問題にするときにとくに重要なこととなる。

4.1.2　いくつの導出があるか

論証の評価を行なうときには、そこで為されている導出の適切さを評価しなければならない。そこで、ひとつの論証の中に何個の導出が含まれているか、為されている導出の数を正しく見てとることが基本的なこととなる。そしてそのことは、初心者には必ずしもたやすいことではない。

次の二つの例を比較してみてほしい。それぞれ何個の導出が含まれているだろうか。

例2　①彼女はイスラム教徒だ。②イスラム教徒は、豚肉を食べない。だから、③彼女も豚肉を食べないはずだ。

例3　①テレビがあると家族の会話の時間が少なくなる。それに②子供が受動的な人間に育ちがちだ。だから、③子供の教育にとってはテレビなんかない方がいい。

例2では、①だけからでも②だけからでも③は導けず、①と②があわさって一つの根拠となり、結論③を導いている。つまり、例2に含まれる

導出は1個である。

それに対して、例3では、①だけからでも③はある程度導けるし、②だけでも③はある程度導ける。つまり、例3に含まれる導出は2個である。

このことは、提示された論証に対して反論するさいに、決定的に重要なこととなる。例2の論証に反論するとき、たとえば「彼女はイスラム教徒じゃない」と①を否定すれば、それだけで論証全体に対する反論になる。他方、例3の場合には、たとえば「テレビがあった方が家族の共通の話題ができて、会話も増える」と、①に反対したとしても、それでもまだ「子どもが受動的な人間に育ちがちだ」という方が根拠として生きているので、論証もまた、まだあと半分が残されている形になるのである。

そこで、例2のような場合と、例3のような場合を、それぞれ次のように図示することにしよう。

```
例2    ①  +  ②           例3    ①      ②
       ─────────                  └──┬──┘
           ↓                          ↓
           ③                          ③
```

例2の場合には「(①+②)──→③」という一つの導出があるだけだが、例3の場合には、「①──→③」と「②──→③」という二つの導出が含まれているわけである。

以下、論証の構造を表わしたこのような図を「**論証図**」と呼ぶことにする。

4.1.3 論証構造の分析

では、もう少し複雑な論証の構造を分析する練習をしてみよう。

例題1 次の文章から論証の構造を取り出し、論証図を作成せよ。

① 犯人はAかBだ。だが、② AはいつもCと仕事をする。③ ときにはそれにDも加わることがある。いずれにせよ、④ 今度の犯行ではCにはアリバイがある。だから、⑤ Cは犯人ではない。ということは、⑥ Aも犯人ではなく、⑦ Bが犯人だ。⑧ 実際、Bには動機もある。

まず最終的な結論を確認する。そして、なぜその結論が言えるのか、その直接の根拠を調べる。さらに、その根拠となる主張はなぜ言えるのか、さらに根拠をさかのぼる。これが、論証の構造を把握するさいの基本である。

例題1を見ていこう。最終的な結論は「⑦ Bが犯人だ」である。そして、その直接の根拠は二つある。

ひとつは、「① 犯人はAかBだ。そして、⑥ Aは犯人ではない」。①と⑥があわさって、「⑦ Bが犯人だ」を導く。

もうひとつの根拠は、「⑧ Bには動機がある」。「Bには動機がある。だからBが犯人だ」というのは、導出としては弱すぎるが、しかしそれでも、先の「(①+⑥)──→⑦」を補助するものとして、独立の導出を行なっている。

ここまでのところだけを図示するならば、こうなる。

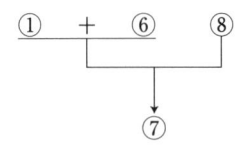

```
①  +  ⑥    ⑧
└──┬──┘
   ↓
   ⑦
```

ここで、さらに根拠をさかのぼっていこう。なぜBに動機がある（⑧）と考えるのか。なぜ犯人はAかBだ（①）と考えるのか。しかし、これらの主張に対しては、もはや根拠は述べられていない。もうひとつ、なぜAは犯人ではない（⑥）と考えるのか。これに対しては、「② Aはいつもcと仕事をする。そして、⑤ Cは犯人ではない」が、その根拠を与えている。さらに、なぜCは犯人ではない（⑤）と考えるのかに対しては、「④ Cにはアリバイがある」が根拠を与えている。（③は論証には無関係な主張である。）

そこで、⑥を導くこれらの導出を図示するならば、こうなる。

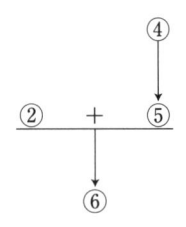

```
       ④
       ↓
  ②  +  ⑤
  └──┬──┘
     ↓
     ⑥
```

以上をまとめて図示したものを解答すればよい。（解答は67ページ。）

4.2 論証を評価する

論証の結果として導かれた結論が、どのようにして、そしてどの程度までその論証によって正当化されるのかを吟味する、これが論証を評価するということである。論証の評価は、それがどのようなタイプの論証(演繹、推測、価値評価)であるかに応じて、それぞれ特有のやり方をもっている。しかし、そうした個々の検討は後にまわすこととして、ここでは論証の評価一般に通じる問題を取り上げる。

論証の適切さは大きく言って二つの観点から評価される。ひとつは、根拠となる主張の適切さであり、もうひとつは導出の適切さである。論理トレーニングとしては導出の適切さの評価の検討に重点をおくことになるが、まず、根拠の適切さの評価について見ておくことにしよう[48]。

4.2.1 根 拠

根拠となる主張には、(1) 意味規定、(2) 事実認識、(3) 価値評価、に関わるものがある。

(1) 意味規定

意味規定に関わる主張にはいくつかのタイプがあり、次のように分類することができる。

(a) 一般に認められている意味規定を辞書的に確認したもの(例4)
(b) 主張者独自の意味規定を与えようとするもの
 (b-ⅰ) その論述に限定して一時的に意味規定を与えるもの(例5)
 (b-ⅱ) 一般に考えられている辞書的規定に代わる一般的意味規定を提案するもの(例6)

例4 手続き法とは、実体法を維持し、実現するための手続きを定めた法である。

例5 ここで、「自然科学」の内には数学は含めないこととする。

例6 「論理的」とは、実は、正しく言葉を使用しているということにほかならないのである。

各々のタイプに応じて、意味規定の適切さの評価の仕方が変わってくる。

例4のような場合には、実際の言葉づかいを辞典などによって調べることになる。

例5のような場合には、あくまでもその論述の中での言葉づかいだけに関わるものであるから、われわれも一応はそれに従い、適切さの評価としては、その意味規定が論述を通して一貫しているかどうかを調べることになる。

他方、例6のような場合には、たんにその論述の中だけにとどまらず、「論理的」という語のひとつの使い方を一般的に提案しているのであるから、われわれとしてもその提案を受け入れるか拒否するかという態度決定を迫られることになる。それゆえ、「いや、「論理的」とはそのようなことではない」のように反論することもできる。

(2) **事実認識**

事実に関わる主張は、ひじょうに大雑把に分けて、次のように分類することができる。

(a) 個別的主張（例7）
(b) 一般的主張
　（b－ⅰ）一般化ないし法則の主張（例8、例9）
　（b－ⅱ）存在の主張（例10）

例7 『堕落論』を書いたのは坂口安吾である。

例8 フランス人は海藻を食べない。

例9 急に寒いところに出ると一時的に血圧が上がる。

例10 この山のどこかに埋蔵金がある。

例8はフランス人全般についての一般化であり、例9は法則の主張である。こうした、一般化ないし法則の主張に反論するには、そこで主張されている一般性に対する**反例**（海藻を食べるフランス人、あるいは急に寒いところに出たのに血圧の上昇が見られない場合）を示すことが基本的なやり方となる。

例10は存在の主張であり、実際に埋蔵金が見つかればこの主張は正当化されるが、反論しようとしたならば、山中くまなく探してなお見つからないということを示さなければならない。

いずれにせよ、こうした事実に関わる主張の正しさを調べるには、実際に事実調査をしてみなければならない。とはいえ、まさに議論している現場ではそのような余裕がないのがふつうである。そこで、とりあえずの処置として、疑わしい主張に対してはその情報源を尋ねておくことが有効となる。それは目撃によるのか、伝聞によるのか。伝聞による場合にはその情報源をさらに明確にし、かつそれに権威が認められるかどうかを確認するのである。もちろん、重要な論証の場合には、ただ伝聞に訴えるだけではなく、自ら事実を調べてみることが必要となる[49]。

(3) 価値評価

価値評価に関わる主張には、大きく分けて、次の二種類がある。

(a) 「よさ」に関する価値を評価するもの（例11）
(b) あることを為すべきかどうかという規範に関わるもの（例12）

例11　これはとてもいい本だ。

例12　この本はぜひ読むべきだ。

価値評価に関わる主張が根拠として働くためには、その価値・規範が論証の相手と共有されていなければならない。しかし、共有されていると考えられている価値・規範は、しばしば明示的に述べられることがなく、暗黙の前提となっている。それゆえときには、暗黙のうちに了解されたつもりになっている価値・規範を表立たせて検討することも必要となる。

また、相手が自分と異なる価値・規範をもっていたとしても、一方的にそ

れを否定することはできない。そのため、価値評価に関わる相手の主張が根拠として適切でないことを示すには、その評価が独断的であり、そうでない評価の方がむしろ説得力があることを示す、といった手続きをとることになる。それゆえ、事実に関する主張の場合よりもはるかに、間接的な、からめ手からの方法をとらなければならない。[50]

　いずれにせよ、どのタイプの主張が根拠として挙げられたとしても、その主張がなお問題視される場合には、そこへと至る論証をさらに求めねばならない。逆に、論証を提出する側としては、相手と共有できる地点を求め、そこから論証を出発させるようにしなければならない。そして、何が共通の出発点となりうるかは、相手によって異なってくる。その意味で、論証とはつねに「対人論証」なのである。

4.2.2　導出の関連性

　すでに何度も述べているように、適切な論証とは、適切な根拠から適切な導出によって結論が導かれているものにほかならない。そこで、次に導出の適切性について説明し、練習をしよう。

　ポイントは、本当にそこで提示された根拠からその結論が説得力をもって導かれるかどうかにある。この根拠と結論のつながりを**「導出の関連性」**と呼ぶ。問題は導出の関連性の強さを評価することである。

　そのため、ここでは「**あえて反論する**」という方法をトレーニングしてみたい。提示された根拠をかりに認めた上で、そこから導かれる結論に対してあえて疑問を投げかけてみるのである。導出の関連性が希薄である場合、根拠を認めても必ずしもそこから結論は導かれない。そのことを検討するために、「Aは正しいとしよう。でも、そこからBは結論できないかもしれない。というのも……」という形で疑問を呈する。その疑問が強いものであれば、それだけ導出の関連性が弱いということになり、弱い疑問しか出せないのであれば、それだけ導出の関連性は強いことになる。

　なぜこのようなやり方を練習するのかについて、もう一言述べておこう。これは、いわば、導出の関連性を評価するための基礎訓練である。根拠が提示され、そこから結論が導かれる。多くの場合、われわれはそこで立ち止まって吟味せずに、たんに聞き流す、あるいは読み流してしまうだろう。だ

4.2 論証を評価する

が、あえて立ち止まってみる。ここでもっとも要求されるのが、「論理」という言葉にそぐわないと思われるかもしれないが、想像力である。

この根拠を受け入れ、しかもこの結論を拒否することがどういうことでありうるのか、その可能性を思い描く想像力、これがここで求められる。こうして、その論証が導く道筋とは異なる道の可能性をとらえつつ、その上でその論証の進む道を自分も進むかどうかを決断する。この、想像力を活性化させるためのトレーニングが、「あえて反論する」という方法にほかならない。すなわち、たんに拒否するためにのみ反論するのではなく、受け入れるか拒否するかを決断するために、まず、あえて反論してみるのである。

例題2 次の下線部に示された導出に対してそれぞれ反論を試みよ。

新天皇が即位されるや、マスコミこぞって「開かれた皇室を」という大キャンペーンに着手した。しかし、このキャンペーンは誤っている。天皇は国家および国民の象徴であり、(a) それゆえ世俗を超えた存在にほかならない。(b) したがって天皇とは、そもそも世俗の次元にたいしては何ほどか閉じられた存在なのである。(51)

結論それ自体に賛成するかどうかはここでは関係がない。導出の関連性のチェックのさいには結論や根拠それ自体の正しさはいったん棚上げにして、ともかく根拠が正しいと仮定したら、それがどの程度結論を支持することになるのかを検討する。まず、例題の論証図を書いてみよう。

① 天皇は国家および国民の象徴である。
(a) ↓
② 天皇は世俗を超えた存在である。
(b) ↓
③ 天皇は世俗に対して閉じられた存在である。

そこで、(a)の導出に反論してみるということは、①を認めた上で②を否定してみることである。天皇が国民の象徴であることを認め、なおかつ、

天皇が世俗を超えた存在であることを否定してみる。

　——よろしい、天皇は国民の象徴であって、国民の一員とは認められないとしてみよう。しかし、そのことがただちに天皇が世俗を超えた存在であることを意味するだろうか。国民の一員でないことと世俗を超えていることとを単純に重ねてしまうのは、国民のみを世俗とみなすからにほかならない。しかし、世俗の内に、国民とその象徴とがともに存在しているということも考えられるのではないか。

　次に、(b)の導出に反論してみるということは、②を認めた上で③を否定してみることである。それゆえ、(a)で拒否した②をここでは認めるところから始めねばならない。（初心者はこれがなかなかできない。）

　——天皇は世俗を超えた存在であるとしよう。しかし、なお世俗に対して開かれた存在でもありうるのではないか。ここで、「世俗を超えた」ということの意味が問題になる。もちろんそれは山奥にこもるといった意味ではないだろう。東京都千代田区のようなところに住みながら、なお世俗的生活に追われることなく生きる。具体的にはどういうことだかよく分からないが、少なくとも、われわれとは違うという感じを世俗の者たちに抱かせる存在であるだろう。だが、そのときどうして天皇は世俗から閉じられていなければならないのか。われわれとは違うという感じをわれわれに抱かせつつ、われわれの前に姿を現わすものとしてあってはなぜいけないのか。

　反論する観点はほかにもあるだろう。解答は、いま述べたような方向にそって作成したひとつのサンプルにすぎない[52]。（解答は67ページ。）

　ちなみに、この例題を作成するもととなった文章はこの後さらに次のように続いている。

> 世俗の次元に開いたまま、世俗の次元に親しまれたままというのは世俗にまみれることにほかならず、そんな存在では象徴たりえないではないか。超越ということの意味を理解できず、それゆえ象徴ということの意味を理解できないのは子どもの所業といわざるをえない。

　おそらく解答例で示したような疑問を投げかけると、まさにこのように応対されるのだろう。しかしいまわれわれにとってだいじなのはどちらが正しいかではなく、ここで「象徴」や「超越」の意味理解をめぐってなお議論が

可能だという点の確認にある。あえて反論するということは、あえて言えば「子どもの所業」の立場に戻って検討するということにほかならない。大人の意味理解に異を唱えるのはたしかに子どものすることかもしれないが、うかつに意味理解を共有してはならない場合もあるのである。

例題の解答

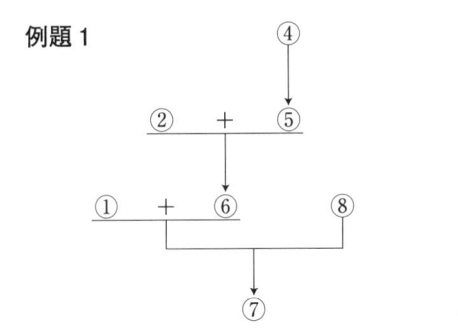

例題 1

```
                    ④
                    ↓
          ②   +   ⑤
          ─────────────
                    ↓
     ①  +  ⑥        ⑧
     └──────┬────────┘
            ↓
            ⑦              （③は無関係）
```

例題 2

導出(a)：天皇が「国民の象徴」であり、それゆえ国民の一員ではないとしても、なお「天皇が世俗を超えた存在ではない」ということは考えられる。というのも、世俗を国民のみに限定する理由はこの論証においては示されていないからである。それゆえ、国民とその象徴とがともに世俗に属すると考える余地は残されている。

導出(b)：たとえ天皇が世俗を超えていなくてはならないとしても、しかし同時に世俗に対して開かれていることも可能ではないか。世俗を超えた存在でありつつ、かつ天皇が世俗を超えた存在として世俗に開かれ、世俗と交わるということもできるように思われる。

練習問題4

問1　次の文章から論証の構造を取り出し、論証図を作成せよ。

(1) ① たぶん彼女は遅れて来る。だって、② 今日は土曜日だから、③ 道は渋滞してると思う。それに、④ 彼女、時間にだらしないだろ。

(2) ① 今度の試験は落とせないから、② さすがに彼も本気を出す。そうしたら、③ けっこういい成績をとると思うよ。④ 彼、本気出すと案外いい成績とるからね。

(3) ① 鳥の卵はほとんどが「卵形」をしている。② 卵形が産みやすい形だということがまず挙げられるが、③ 球形と違って卵形の方が転がりにくいというのが一番の理由だろう。④ 実際、崖に巣を作る鳥の方が球形から遠い卵形をしているのである。(53)

問2　次の導出に対して、複数の観点から、反論を試みよ(54)。
　日本人は働きすぎだ。というのも、欧米と比較してみると、われわれの労働時間の方がずっと長いからだ。

問3　次の下線部に示された導出に対してそれぞれ反論を試みよ。
　たばこの煙が不快な人もいれば、それを快いと感じるから喫煙している人もいる。(a) それゆえ、嫌煙権と喫煙権は同等の権利なのだ。(b) したがって、いつでもどこでもたばこを吸う権利を認めるべきである。

問4　次の文章から論証の構造を取り出し、論証図を作成せよ(55)。
　① 土偶は、縄文時代中期になると前期までとは比較にならぬほど丁寧な作られ方をされるようになった。しかし、それにもかかわらず、② 土偶は同時代の土器などと違って、完全な形のままで発見されることがほとんどない。しかも、③ 同じ場所から発見された破片をつなぎ合わせて完全な形が復元されることも、やはりほとんどないのだ。このことから、④ 当時の人々

が、土偶を入念に作っておきながら、最後には人為的に壊してしまった。そして、⑤ 破片を別々にして、離れた場所に持って行くことをしていたのではないかと、推測できそうに思える。

たとえば、⑥ 山梨県釈迦堂遺跡の発掘では、1116点という他に例のないおびただしい数の土偶片が出土した。ところがそれにもかかわらず、⑦ 完全な形の土偶は一点も発見されなかった。また、⑧ これほど多数の破片が得られたのに、完全な土偶はやはり一点も復元できなかったのだ。しかも、⑨ これらの土偶はなんと、破片になる部分が、もともと別々の粘土の塊りからできていた。そして、⑩ それらを木や竹を使って接合した上から、さらに粘土をかぶせ、その上に文様などをつけて仕上げるという面倒なやり方で作られていたのだ。⑪ こんな手のかかるやり方で土偶が作られたのは、明らかに破片への分断が容易できれいにできるためだったに違いない。つまり、⑫ これらの土偶はまさに、壊され、その破片を離れた場所に移すために作られたものなのである。

さらに、⑬ 壊した土偶の破片は、何か大切なもののように扱われ、家の中に祭られることもあったと思われる。なぜなら、⑭ 破片になった土偶が、当時の住居址から、明らかに丁重に祭られていたと思われる状態で発見されることがあるからだ。このことから、⑮ 土偶によって表わされた女神が、当時の人々に、破片になってもなお尊い神としての価値と効験を持ち続けると信じられていたらしいことが、推測できる。

以上のことから、⑯ 当時の人たちが、その信仰に基づいて、女神を殺し死体を分断して分ける儀礼を、女神の像である土偶を破片にしては分けることでくり返していたのではないかと考えられるのである。(56)

課題問題4

問5 次の文章から論証の構造を取り出し、論証図を作成せよ。

(1) ① 飯田橋先生は研究室にいる。② だって部屋の明かりがついてるもの。③ 先生は部屋を出るときには必ず明かりを消すからね。だけど、ほら、④ 部屋からは音楽が聞こえてこない。てことは、⑤ 飯田橋先生、寝てるね。

(2) ① 整理のために資料を分類しておくのは逆効果だ。第一に、② 資料の分類は困難である。というのも、③ 複数の分類にまたがる資料があるし、④ 分類の境界に属する資料もあるからだ。第二に、⑤ たとえなんとか分類できたとしても、資料が別の分類に混入する事故は避けられない。それゆえ、⑥ 資料の分類は危険でもある。(57)

(3) ① 人間には絶対確実な知識は得られない。② 知識は最終的には観察に基づくものであるが、③ そもそも観察は誤りやすいものである。なぜなら、④ 観察はその人の関心がどこにあるかに依存し、それゆえ、⑤ 観察はどうしたってなんらかの先入観に基づくものになるからである。さらに、⑥ 知識は観察をもとにしてさらに推測を行なうことによって得られるが、⑦ 推測は観察以上に誤りやすいものだろう。

問6 次の下線部に示された導出に対して、複数の観点から、反論を試みよ。（夫婦別姓を擁護する主張を立てるのではなく、あくまでもこの議論の導出の関連性の強さを問題にすること。）

姓はその人の住んでいる土地の地名をそのもともとの由来としている。いまでも地方などでは、特定の同姓が多数を占める集落が少なくない。すなわち、同じ土地に住む者は基本的に同じ姓だったのである。それゆえ、同じ家で暮らしながら、なお夫婦別姓を求める議論は、本来の姓の機能を忘れた奇妙なものと言わざるをえない。

問7 次の下線部に示された導出に対して反論を試みよ

子どもはまだ合理的な判断を自ら為すことができない。(a) だから、大人が子どもに干渉することは不可欠である。しかも、現代社会では親子関係が十分に機能しなくなっている。(b) それゆえ、学校こそが子どもに干渉しなければならない。(c) だからこそ、小学校や中学校において、あるいは高校の段階でも、かなりしっかりした校則が必要なのである。

第5章

演繹と推測

　この章では、論証の二つのタイプ、演繹と推測を見る。まず演繹と推測の違いについて見たあと、演繹については第Ⅲ部で主題的に取り扱うので、ここでは推測についてさらに見ていくことにする。とくに、仮説形成と呼ばれるタイプの推測について、その構造をとらえる練習と論証の適切さを評価する練習をしよう。

5.1　演繹と推測の違い

　演繹も推測も、あることがらを根拠としてなんらかの結論を導くものである。しかし、演繹と推測は、その使われる目的がまったく異なっている。根拠とされるのはどちらの場合もすでに知られていることがらだが、そこから導こうとする結論が、演繹と推測とでは異なっているのである。

　推測は、既知のことがらを根拠として、そこからまだ知られていない新しいことを結論として導こうとする。それに対して演繹は、根拠において知られていることがらの内容を、正確に取り出そうとする。

　まず演繹の例を挙げてみよう。

　例1　飛べるペンギンなどいない。ペンちゃんもペンギンだ。だから、ペンちゃんは大人になっても飛べるようにはならない。

これは、「飛べるペンギンなどいない」と「ペンちゃんはペンギンだ」という二つの根拠から、「ペンちゃんも飛べない」という結論を導いた演繹である。いまはまだペンちゃんは子どもで、よちよちしていて、飛べない。しかし、ペンちゃんがペンギンだということと、飛べるペンギンなどいないということを認めるのであれば、そのとき、ペンちゃんが大人になっても飛べないということもまた、どうしたって認めねばならない。つまり、「ペンちゃんも飛べない」という結論は二つの根拠の内に含まれていたことであり、根拠を越え出た新しい内容ではない。

それゆえ、演繹の場合には、根拠として示されたことがらを認めたならば、その結論も必ず認めねばならない。もし根拠として示されたことがらを正しいものと認め、それでも結論を正しいとは認めない人がいたとしたら、その人は、根拠で言われていることの意味をきちんと理解していないとか、矛盾している、と言われることになる。

それに対して推測は、根拠に示された内容を積極的に越え出ていこうとする。例を挙げよう。

例2　ペンちゃんがお腹をこわしている。きっと、ゆうべ食べさせた魚が悪かったのだ。

これは、ペンちゃんがお腹をこわしているという事実をもとに、なぜお腹をこわしたのかを説明する仮説を立てているもので、**「仮説形成」**と呼ばれるタイプの推測である[58]。「いまペンちゃんがお腹をこわしている」ということは、けっして「ゆうべ食べさせた魚が悪かった」ということを、その意味の内に含んでいるわけではない。それゆえ、演繹の場合と異なり、根拠となることがらを認めつつ、なお結論を否定して、「ペンちゃんはたしかにお腹をこわしているけど、別にゆうべの魚のせいじゃないと思う」と主張したとしても、矛盾と言われはしない。

一般に、推測は導出の確実性において演繹よりも劣ることになる。演繹の場合には、導かれる結論は根拠で言われている内容の範囲にとどまるため、正しく演繹された場合には、その導出は絶対確実なものとなる。他方、推測は根拠で言われている内容を越えて結論を導こうとするため、その導出はどうしても不確実なものにとどまらざるをえない。しかし、それは推測の目的

からして当然のことなのである。推測はけっして不完全な演繹というわけではない。両者はそもそもその使われ方がまったく異なるのである。

例題を通して具体的に見てみよう。一応考えてみてほしいが、すぐに説明を読み進めてもかまわない。

例題1 次の文章に示された論証を演繹か推測かに分類せよ。

(1) 大学の裏門脇には上海亭と来々軒の二軒のラーメン屋があるが、どうも客は来々軒の方に集まって上海亭の方には客が来ない。入口に貼ってあるメニューを見ると、出す料理の種類もほとんど違いはないし、値段もたいして違わない。それでもこれだけはっきり客足に違いがあるということは、来々軒の方が上海亭よりもうまいということである。

(2) 飯田橋先生は大学に来ている。だって、先生は大学に来るとまず研究室に顔を出して、そのときメール・ボックスの郵便をとる。で、メール・ボックスはどうかといえば、ほら、空っぽだ。しかも、今朝ぼくが来たときには郵便はあったのだ。ということは、飯田橋先生はそのあと大学に来たということだ。完璧な推理だ。

(3) イタタ。いや、虫垂炎なら下腹の右側が痛いはずでしょう。だけど痛いのは左側なの。だからね、虫垂炎じゃないと思うよ。イテ。

---

(1)から見ていこう。立地も、メニューも、値段もほとんど差がないのにどうして来々軒だけが繁盛するのか。その疑問に答えるために、「来々軒の方がうまいからだ」という仮説が立てられ、説明される。ここで、これが唯一可能な仮説というわけではないことに注意したい。来々軒だけが繁盛しているのはうまいからではなく、店の感じがいいからかもしれない。逆に、上海亭の店員は客の前で鼻をかんでそのままラーメンの丼に指をつっこんでもって来てしかもその爪が汚れてたりするのかもしれない。

(2)は、メール・ボックスが空だということを、飯田橋先生がその郵便を

とったという仮説によって説明するものである。さらに、今日はそもそも飯田橋先生宛の郵便がなかったのでは、という可能性に対して、今朝は郵便があったという確認を付け加えている。しかし、これも唯一の仮説ではない。たとえば、四谷先生がまちがえて飯田橋先生の郵便までもっていってしまったのかもしれない。

　(3)は、結論が「……と思うよ」のように推測になっているので迷うかもしれない。「虫垂炎なら右側が痛い。いま痛いのは左側だ。だからこれは虫垂炎じゃない」、このようにきっぱり書けば、前提が正しいときには結論も必ず正しいものとなることが分かるだろう。結論が蓋然的になっているのは、前提に「右側が痛いはずでしょう」という不確実さがあるからである。導出自体は、前提を認めたらその結論も必ず認めなければならないものとなっている。ただ、前提が不確実なので、その不確実さがそのまま結論に反映されたということである。（解答は 80 ページ。）

5.2　仮 説 形 成

5.2.1　仮説形成の構造

(1) 仮説と証拠

あることがらをもとに、そのことがらをうまく説明してくれるような仮説を立てるタイプの推測が、「仮説形成」である。単純な例を挙げてみよう。

　例3　彼女は野菜しか食べない。きっと菜食主義者なのだろう。

ここでは次のような関係が成り立っている。

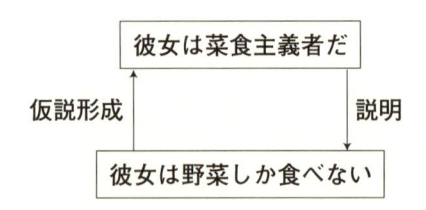

```
        ┌──────────────────┐
        │  彼女は菜食主義者だ  │
        └──────────────────┘
   仮説形成 ↑              │ 説明
            │              ↓
        ┌──────────────────┐
        │ 彼女は野菜しか食べない │
        └──────────────────┘
```

「彼女は菜食主義者だ」は仮説であり、「彼女は野菜しか食べない」はその仮説の根拠である。他方、「彼女は菜食主義者だ」は「彼女は野菜しか食べない」ということを説明する[59]。別の言い方をすれば、「彼女は野菜しか食べない」という事実がいま説明を求められており、それを説明するものとして、「彼女は菜食主義者だ」という仮説が立てられたのである。

そこで、仮説の根拠であり、仮説によって説明されることがらを「**証拠**」と呼ぶことにしよう[60]。

単純な場合には、証拠だけで十分に仮説を根拠づけ、また、仮説だけで証拠となる事実を十分に説明している。しかし、もう少し複雑な場合もある。仮説だけでは証拠となることがらを説明できず、そこになんらかの「**前提**」が必要とされる場合である。次にそのことを見よう。

(2) 前提

例4 ワトスンの靴には赤土がついている。郵便局の前は赤土だ。だから、たぶんワトスンは郵便局に行ってきたのだ。

郵便局に行ってきたというだけでは、ワトスンの靴に赤土がついていることを説明してはくれない。そのため、「郵便局の前は赤土だ」という事実が前提として付け加えられる。仮説形成も説明も、ともにこの前提を認めた上で成り立っている。

証拠と前提はあわさって仮説の根拠となるが、しかし、証拠と前提を混同してはならない。**仮説が説明しようとしているのが証拠であり、前提は仮説が説明しようとしているものではない。**（例4でそのことを確認せよ。）

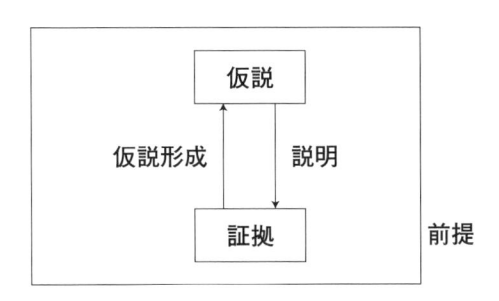

このような前提は、例4のように表立って書かれている場合もあるが、次の例のように暗黙の前提として働いている場合もある。

例5 帰宅したら引き出しがすべて開けられ、中身が散らばっていた。泥棒が入ったに違いない。

この例の場合には、「泥棒は引き出しを開けて中身を散らばすものだ」という暗黙の前提がなければならない。

仮説形成における暗黙の前提は、言うまでもない当然のことであるから、ふつうはそれを表立って明らかにする必要はない[61]。しかし、ときにこうした暗黙の前提を疑うことで、まったく新しい考え方が開けるということも起こるので、必要に応じて暗黙の前提を明示できるということは、きわめてだいじである。

たとえば、ある商品の売り上げが伸びず、そこで「値段が高い」と仮説を立てる。ここには「値段が高いものは売れない」という暗黙の前提が働いている。しかし、ときに、まさにこの暗黙の前提を疑わねばならないことも起こる。商品によっては思いきって高めの価格設定をした方が売れ行きが伸びるかもしれないのである。

前提に関して、ひとつシンプルな問題をやってみよう。

例題2 次の論証が仮説形成であるとして、その暗黙の前提を下の①、②から選べ。

下腹の右側が痛い。だから、虫垂炎かもしれない。
① 虫垂炎になるとたいてい下腹の右側が痛くなる。
② 下腹の右側が痛くなるのはたいてい虫垂炎である。

仮説形成ということがまだ呑み込めていないと、とまどうだろう。あるいは、考えすぎても、分からなくなるかもしれない。

いま、「下腹の右側が痛い」ということが証拠として示され、それに対して「虫垂炎だ」という仮説が立てられている。ここで暗黙の前提として取り

出すべきは、「虫垂炎だ」ということとあわさって「下腹の右側が痛い」ということを説明してくれるような主張である。つまり、「虫垂炎だ＋暗黙の前提 x ⟶ 下腹の右側が痛い」となるような「x」を求めねばならない。

　仮説形成における前提の役割は、仮説とあわさって証拠となることがらを説明する論証を作ることにある。この点がきちんととらえられていないと、混乱してしまうだろう。（解答は 81 ページ。）

5.2.2　仮説形成の適切さ

　では次に、仮説形成の適切さを評価しよう。仮説形成の適切さ・説得力は、まず第一に、次の点において評価される。

(1) 仮説は証拠となる事実をうまく説明しているか。

　そのさい、そうした仮説形成や説明が働くために前提とされていることが適切なものかどうかも、確認されなければならない。場合によっては、暗黙の前提を明らかにして、その適切さを再検討する必要が生じるだろう。

(2) 仮説形成において前提されていることは（明示されている前提であれ、暗黙の前提であれ）適切か。

　しかし、これだけではまだ仮説形成の適切さの評価はまったく十分ではない。「他の仮説」の可能性を検討しなければならない。
　一般に、証拠となる事実から推測される仮説は一つとはかぎらない。多くの場合、可能な仮説は複数立てられるものである。そこで、主張された仮説が説得力をもつためには、他の仮説には説得力がないということを示さねばならない。

(3) 他に有力な仮説は考えられないか。

　先の例3（彼女は野菜しか食べない。きっと菜食主義者なのだろう）の場合で言えば、野菜しか食べないことを説明する仮説は菜食主義者（主義・信条として野菜しか食べない人）であることだけではない。たんに食べ物の好

き嫌いの問題かもしれないし、あるいは野菜しか食べないことがダイエットになると考えているのかもしれない。この場合には、こうした他の仮説にもある程度の説得力があるため、野菜しか食べないということだけから菜食主義者だと結論するのは、いささか性急と言うべきだろう。

あるいは、例5（帰宅したら引き出しがすべて開けられ、中身が散らばっていた。泥棒が入ったに違いない）の場合で言えば、昨夜寝ぼけて自分でやったのだが、今朝急いで家を出たのでその状況が目に入らなかった、ということかもしれない。あるいは私をよく思わない誰かが侵入し、いやがらせをしたのかもしれない。あるいはポルターガイストが……。しかし、そうした他の仮説の可能性が低いと考えられるならば、その分「泥棒が入った」という仮説は説得力をもつことになるわけである。

仮説形成の論証において、あらかじめそうした他の仮説の可能性を否定しておくこともだいじである。これを「**他の仮説の消去**」と呼ぼう。

> **例6** ワトスンの靴には赤土がついている。郵便局の前は赤土であり、近所には他に赤土の場所はない。だから、たぶんワトスンは郵便局に行ってきたのだ。

郵便局の前が赤土であったとしても、ワトスンの靴に赤土がついていることを説明する仮説は、ワトスンが郵便局に行ってきたというものだけではない。郵便局以外にも、ワトスンが行きそうな場所で赤土の場所があるとすれば、この仮説は説得力のないものとなる。そこで、「近所には他に赤土の場所はない」と主張する。これが、他の仮説の消去である。

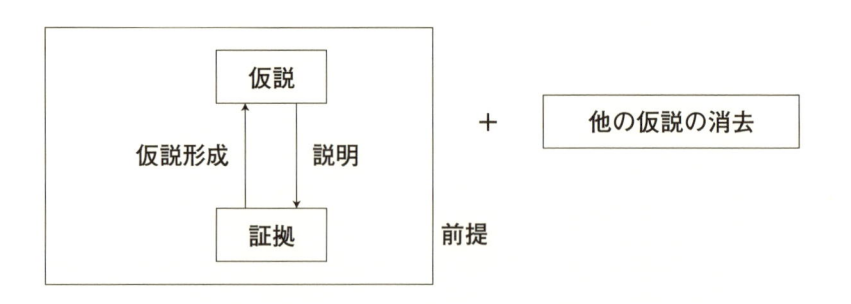

5.2 仮説形成

このように、仮説形成は、仮説・証拠・前提・他の仮説の消去より構成される。これらの要素がすべてそろった論証もあれば、仮説と証拠の提示だけしかない単純な論証もある。では、例題をやってみよう。

例題3 次の文章を読んで問に答えよ。

　チンパンジーは鏡に映った自分の姿を自分と認識するのだろうか。チンパンジーにはじめて鏡を示すと、それを「新入りのチンパンジー」とみなすようなさまざまな反応が見られる。しかし、鏡に慣れてくると、その反応が変化してくるという。チンパンジーは、鏡の中の「自分」に気づいたのだろうか。

　この問題に関して、1977年にG・G・ギャラップが『アメリカン・サイコロジスト』に発表した論文には、次のような実験が報告されている。

　まず、① チンパンジーを鏡に十分慣れさせる。そして、② 麻酔でそのチンパンジーを眠らせ、眠っている間にその顔の一部を真っ赤に、ケバケバしく化粧する。そのとき、③ <u>染料は、無味無臭で皮膚につけても違和感のないものを用いた</u>。さて、④ そのチンパンジーは、目覚めて鏡を見たときにびっくり仰天したというのである。しかも、⑤ 鏡の中の顔に手を伸ばしたりはせず、ほんものの顔の赤い部分をこすったり、ひっかいたり、またそのあとでその指をじっと見つめ、鼻へもっていって臭いをかぐ、などの行動をした。このことは、⑥ そのチンパンジーが鏡の中の顔を自分の顔であると認識したことを示している。⁽⁶²⁾

(1) 文①〜⑥から、この仮説形成における仮説を示した文と、その仮説に対する証拠を示した文を取り出せ。
(2) この文章中に示されていることから、この仮説形成における前提に相当する内容を取り出せ。
(3) 下線部に述べられていることは、この仮説形成においてどのような役割を果たしていると考えられるか。
(4) この文章に述べられた事実を説明する他の仮説を考えてみよ。

(4)はなかなか難しいだろうから、何も思いつかなくとも気にする必要はない。自分の想像力を試すつもりで、気楽にチャレンジしてみてほしい。

さて、ここで立てられている仮説は、そのチンパンジーが鏡の中の顔を自分だと認識しているということである。証拠は、この仮説の根拠となる事実であり、この仮説によって説明されることがらである。つまり、「なぜ？」と問われている事実が、ここで証拠とされるものにほかならない。そう考えれば、①〜③は仮説形成を支えることがらではあるが、「なぜ？」と問われている事実ではない。つまり、それらは前提であり、証拠ではない。

「なぜ？」と問われ、仮説によって説明が試みられているのは、④と⑤である。ただし、証拠の力としては④（びっくり仰天した）は小さいと言える。というのも、ぜんぜんびっくりせずに、冷静に自分の顔を調べはじめたとしても、そのチンパンジーが鏡の中の顔を自分だと認識しているという仮説を支持する証拠としての力はさほど減少しないと考えられるからである。その意味では、チンパンジーが鏡を見てびっくりするかどうかはあまりだいじではないと言える。

この例題で一番問いたかったのは、(3)である。このあたりの慎重さが、実験のプロという感じではないだろうか。もし、「無味無臭で違和感のない染料を用いた」という条件がなかったとすれば、チンパンジーがびっくりして顔をこすったりひっかいたりしはじめたことに対して、それは鏡で見た姿のせいではなく、たんに臭いや感触のおかげで、自分の顔に変なものがついていると分かったからではないか、という他の仮説が可能になるだろう。そこで、その可能性をあらかじめ消去しているのである。

さて、(4)はどうだっただろう。何か他の仮説が思いついただろうか。説得力のある仮説でなくともよい。「ともかくそういう可能性も考えようと思えば考えられる」ぐらいのものでよい。想像力をフルに発揮していろいろな可能性を考えてみる。実は、これは基本的な論理力のひとつなのである。解答には、一応私が考えたものをいくつか書いておこう。（解答は81ページ。）

例題の解答

例題1　(1) 推測　　(2) 推測　　(3) 演繹

5.2 仮説形成

例題2 ①

例題3 （1）仮説：⑥　証拠：④、⑤
（2）そのチンパンジーは、化粧をしていない顔の状態で鏡に慣らされていた。そして眠らされている間に顔の一部を真っ赤に、ケバケバしく化粧され、その後起こされて鏡を見せられた。
（3）チンパンジーがびっくりして顔をこすったりひっかいたりしはじめたのは、たんに染料の臭いや感触のせいではないか、という他の仮説を消去している。
（4）（解答例）他の仮説1：鏡の中の姿は自分ではなく他のチンパンジーだと思っているのだが、それが見慣れた他のチンパンジーたちとあまりに違った顔をしているので、びっくりし、もしかしたら自分もそうではないかと思い、自分の顔をさわりはじめたという仮説も、まったく不可能というわけではない[63]。

　他の仮説2：奇妙なものを見てしまったので、ただたんに混乱したのかもしれない。

　他の仮説3：鏡の中のチンパンジーに対して、おまえの顔に変なものがついてるぞというメッセージを送ったのかもしれない。

　他の仮説4：周囲の人間たちの反応を敏感に察知して、自分の顔が何かいつもと違うのではないかと感づいたのかもしれない。（あるいは、そのチンパンジーは人の思いが読めるのかもしれない。）

練習問題5

問1 次の文章に示された論証を演繹か推測かに分類せよ。

(1) アルコール温度計と称される温度計の中の赤い液体を取り出して水に入れてみたら、水に溶けずに浮かんだ。その赤い液体がもしアルコールだったら水に溶けるはずだ。だから、実は、温度計の中のその赤い液体はアルコールではなかったのだ。[64]

(2) 飯田橋先生は昼食に出ている。先生は、きまって学生食堂か上海亭のどちらかで昼食をとる。しかし、今日は上海亭は休みだ。ということは、飯田橋先生は学生食堂にいる。完璧な推理だ。

(3) 半跏思惟像は、半跏趺坐という、片脚を反対側の太ももの上にのせる坐り方をしているが、なぜか腰掛けに坐ってそうしている。もしかしたら、この姿勢はユーラシア大陸北辺の遊牧民の坐法に由来するものであるかもしれない。というのも、もともと遊牧民たちは、馬から降りて休息するとき、携帯用の腰掛けを取り出して坐るのが常だったからである。インドから伝わる間に遊牧騎馬民族の文化が融合した、そう考えることもできるかもしれない。[65]

問2 次の文章を読んで問に答えよ。

恐竜の中でもとりわけ巨大なのが、竜脚類である。たとえば、史上最大と言われる推定全長35メートルのセイスモサウルスなどは、竜脚類に属している。竜脚類には属さないティラノサウルスなどは二足歩行をしていたことで知られるが、竜脚類は、足跡の化石から見るかぎり四足歩行をしていたと考えられる。体重の大半は後ろ足で支えられ、前足は補助的に荷重を受けているだけで、実質的には二足歩行の変形といっても過言ではないのだが、しかし、後ろ足だけで歩いたり立ったりしている足跡は、これまでのところ発見されていない。

ところが、実に興味深いことに、竜脚類の前足だけの足跡の化石が北米や

ヨーロッパで発見されているのである。後ろ足だけではない。前足だけの足跡化石である。これはいったい何を意味するのだろうか。

　このことを説明するひとつの仮説は、竜脚類が水辺の浅い所で泳ぐようにして進んでいたというものである。それも、両足を浮かせて泳ぐのではない。後ろ足だけを水中に浮かべた状態で、前足を使って水底を蹴っていたのではないだろうか。(66)

(1) この仮説形成において暗黙の前提となっているものを、次の①～⑤から選び、それがどのように前提として働いているかを説明せよ。
① 足跡が残されるのは水分の多い湿った地面であるから、かつて水辺であった土地には足跡の化石が残されやすい。
② 川や湖沼の近辺、あるいは海岸の干潟などは、植生も豊かであるから、竜脚類もそこを生活の場としていた。
③ 竜脚類は巨体ではあったが、尾以外の背骨の内部には空洞部分が発達しており、巨体の割には軽かった。
④ 竜脚類は陸上を四足歩行するだけでなく、ときに水中を移動することがあった。
⑤ 竜脚類は四足歩行をしていたが、後ろ足に比べて前足は小さく、重心はほとんど後ろ足にかかっていた。

(2) 竜脚類の前足だけの足跡の化石が残されていることを説明する他の仮説を考えてみよ。

問3　次の仮説形成において他の可能な仮説を（複数個）考えよ。

(1) さっきこの薬を飲んだら頭痛がすっかり治った。これはとてもよく効く頭痛薬だね。

(2) コーヒーを一日に三杯以上飲んでいた人は、そうでない人に比べて、心臓病で死ぬ割合が三倍以上になっている、という調査結果がある。このことは、コーヒーに含まれるカフェインの取りすぎが心臓病の原因になることを示している。(67)

課題問題5

問4 次の文章に示された論証を演繹か推測かに分類せよ。

(1) 飯田橋先生は論文がうまく書けないとやたら大学構内をうろつく癖がある。さっきもグランドの周りをうつむいてぶつぶつ言いながら歩いている先生の姿を見かけた。ということは、飯田橋先生はいままさに論文がうまく書けないで困っているのだ。

(2) いま飯田橋先生は論文を書いているらしい。先生は論文を書いているときには研究室にいるか大学構内をうろついているかどちらかだ。研究室にいるならば部屋の明かりがついているはずだが、明かりはついていない。だから、大学構内をうろついているのだろう。

(3) 法規の意味の確定という作業は、解釈者が自らの価値判断に基づいてこれを評価し、望ましいと思う意味づけをこれに与える作業である。だから、法規は解釈者の前におかれた一つの素材なのである。[68]

問5 次の文章を読んで問に答えよ。（［A］［B］は段落を示す記号。）
　［A］青森には、「アホ・バカ」に相当する方言として「ホンズナス」という言い方がある。ここで「ホンズナス」とは「本地なし」のことであると思われる。「本地」とは、本地垂迹説に言うところの「本地」で、日本の神々の本地、すなわち本来の姿は実は仏なのだとされるときの、「本地」である。この語が一般に使用されるようになり、「本性、本心、正気」といった意味で使われるようになった。そうしておそらく、かつて京の都でいまの「アホ・バカ」に相当する語として「ホンジナシ」という語が生まれ、それが流布し、やがて青森にまで伝わったのである。
　［B］「ホンジナシ」に類似の方言（ホンジナシ系語）は京都から500 km以遠の東北地方に分布している。ちょうどその境に位置する福島では、「アホ・バカ」に相当する語として「ヘデナス」という語が見られるが、現在ではほとんど使用されなくなっているという。これは二つの点から興味深い。

ひとつは、福島の「ヘデナス」は青森の「ホンズナス」よりも変形が進んでいること。そして、いまは消えかかっているということである。そしてこのこともまた、先の仮説を用いて説明できる。第一に、「ホンジナシ」が京都から伝わったのだとすれば、福島には青森よりもずっと早い時期に伝わっていると考えられる。だから、福島の方が青森よりも大きな変形を受けているのである。そしてまた、福島の方が青森よりも、その後にやってきた「バカ系」の語の影響が大きく、それによって、ホンジナシ系語が駆逐されたのではないか。こう考えていくと、まさに青森における「ホンズナス」は、「アホ・バカ」に相当する語の最古層を示していると言えるのである。(69)

 (1) 段落Aに示された仮説形成において、証拠および仮説に相当する内容を、それぞれまとめよ。
 (2) 段落Bの説明において暗黙の前提となっているものを、次の①〜⑤から選び、それがどのように前提として働いているかを説明せよ。
① 「ヘデナス」は福島のすべての地域で使われているわけではない。
② 京都から福島、青森へと伝わる過程では言葉はあまり変形せず、変形は主として同じ土地で長く使われることによる。
③ 「ヘデナス」における「ヘデ」が「ホンジ」に対応し、「ナス」が「ナシ」に対応している。
④ 福島ではホンジナシ系語に代えてバカ系語が用いられるようになった。
⑤ 福島の「ヘデナス」は青森の「ホンズナス」が変形して伝わったものではない。

問6 次の仮説形成において他の可能な仮説を（複数個）考えよ。
　たばこを吸う大学生と吸わない大学生の大学での成績を比較してみたところ、たばこを吸わない大学生の成績の平均の方が高いということが分かった。このことは、たばこには知能を低下させる働きがあるということを示している。(70)

第6章

価値評価

　さまざまな主張のタイプの中には、意味規定に関わる主張や事実認識に関わる主張と並んで、「……はよい／悪い」といった価値判断や「……をすべきだ／すべきではない／する必要はない」といった規範に関する主張がある。こうした価値判断や規範に関する主張を結論として導くタイプの論証を、ここでは「価値評価型論証」あるいはたんに「価値評価」と呼ぶことにする。この章では、まず価値評価がもつ論証の構造を調べ、それから価値評価の適切さを検討する練習を行なおう。あらかじめ述べておくならば、価値評価の論証構造には、「間接論証」と呼ばれる新たなタイプの構造が含まれる。また、価値評価の適切さを検討するときには、新たに「対立評価」と呼ぶことになるタイプの評価も為されることになる。

6.1　価値評価の論証構造

　事実に関する主張の場合には、その真理性を正当化する根拠が問題となった。しかし、「これはいい車だ」や「死刑は廃止すべきだ」といった価値や規範を巡る主張の場合には、むしろそれを推奨・推進する根拠、あるいは逆に拒否・抑止する根拠が問題となる。
　価値に関わる論証の多くは、ある対象のどの側面がよいのか、あるいはどの側面が悪いのかを指摘し、それによってその対象を評価するという形をとる。これに対して規範に関わる論証は、しばしば、あることを行なうと仮

定するとどのようなよいことが生じるか、あるいはどのような悪いことが生じるかを指摘し、それによってそれをすべきかどうかを判断するという形をとる。その場合には、いったん仮定を立て、その仮定のもとで議論をしてから、その結果に基づいて結論を出す、という論証の構造をもつことになる。

仮定を含まない論証の場合には、第4章ですでに見たような論証と構造は同じであるが、仮定を含む論証の場合には、新しいタイプの論証の構造をとらえなければならない。まず、復習をかねて、仮定を含まない論証の場合から見ていこう。

6.1.1 仮定を含まない論証の場合

この場合、論証の結論は価値判断や規範に関する主張であり、それゆえまた根拠にはしばしば価値観や規則が示されるが、論証の構造自体に関して言えば、とくに注意すべきことはない。いくつか例を挙げてみよう。

例1　① 安全性が高いから、② この車はよい。

「安全性が高い」という根拠から、「この車はよい」という結論を出している。この場合には、単純に次のような論証図として図示することができる。

例1の論証図　①
　　　　　　　↓
　　　　　　　②

例2　① スピードが出ないから、② この車はよくない。③ デザインもなんだかさえないし。

例2では二つの根拠が並列して結論を導いている。つまり、二つの論証が同じ一つの結論を導いている。そこで次のように図示できる。

例2の論証図　①　　③
　　　　　　　└─┬─┘
　　　　　　　　↓
　　　　　　　　②

例3　① 家族でのんびり乗ることが多いから、② 車は安全性が高い方が望ましい。③ この車は安全性が高い。だから、④ この車はよい。

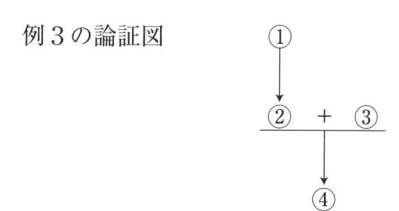

例3の論証図

```
        ①
        ↓
   ② + ③
        ↓
        ④
```

① という理由のもとに ② という価値基準が示され、そして、価値基準 ② からみて ③ が肯定的に評価され、④ と結論される。そこでこれは、② + ③ という根拠から ④ が導かれる論証として表わせる。

6.1.2 仮定を含む論証の場合

規範（「……をすべきだ／すべきではない」）に関わる論証の場合、しばしばあることを仮定し、そうするとどういうよいこと／悪いことになるかをその仮定の帰結として示し、そこから結論を導くというタイプの論証を行なう。まず、例を示してみよう。

例4　① 死刑制度を廃止すると、② 凶悪な犯罪が増える。だから、③ 死刑制度は廃止すべきではない。

つまり、こうである。死刑制度を廃止すると仮定する。その仮定のもとで、そのとき凶悪な犯罪が増えることになると帰結を導く。そしてそのような否定的な帰結が生じることを理由に、仮定を却下する。

あるいは逆に、死刑を廃止するという仮定から肯定的な帰結（犯罪を犯した者に更正の余地が残る、等）を導いて、それを理由に仮定を承認する議論も考えられる。

いずれにせよ、ある仮定を立て、その帰結を調べることから、その仮定の承認／拒否を結論するのであり、このようなタイプの論証は「**間接論証**」と呼ばれる。（それに対して、いままで見てきたような、根拠が直接的に結論を導くタイプの論証は「**直接論証**」と呼ばれる。）

間接論証のポイントは仮定を立ててその帰結を調べることにあるから、ど

れが仮定されたことなのか、そしてどれがその仮定から導かれた帰結なのかをはっきりさせることが、もっともだいじなこととなる。

そこで間接論証の場合には、論証図において、仮定として立てられたものにはきちんと「仮定」と記入しておくことにしよう。さらに、仮定の帰結のよしあしに応じて最後の結論を出すところは、直接論証の場合の結論の出し方とまったく異なるものであるから、次のように二重線を引いて結論を書くことにする。

例4の論証図　　　仮定 ①
　　　　　　　　　　↓
　　　　　　　　　　②
　　　　　　　　　　＝
　　　　　　　　　　③

二重線の必要性についてもう少し述べておこう。

ここで、いわば「仮定の内と外」を明確にしなければいけない。②の「凶悪な犯罪が増える」というのは、あくまでも①「死刑制度を廃止する」という仮定の中の話である。つまり、現実に凶悪な犯罪が増えていると言っているのではなく、もし死刑制度を廃止したとしたら、凶悪な犯罪が増えることになる、と言いたいのである。そしてそれを受けて、③という結論を出す。ここで、③という主張はもう仮定の中の話ではない。現実のこととして、「死刑制度を廃止すべきではない」と主張している。

つまり、①を仮定すると②が出てくるという想定の全体が、③という結論を導いているのであって、直接論証のように単純に、①から②が導かれ、その②から③が導かれる、というのとはまったく違うのである。ぜひ、この二重線の必要性に納得していただきたい。

もう少し複雑な例を示してみよう。

例5　①刑罰は、犯罪を犯した者を立ち直らせるために科されるべきである。しかし、②死刑にしてしまうと、③犯罪を犯した者を更正させることは絶対に不可能となる。さらに、④そもそも死刑そのものが非人道的である。だから、⑤死刑は廃止すべきだ。

仮定②から③が帰結する。しかし、③は①の観点からして望ましくない。そのことから、⑤が結論される。ここで、①と③はあわさって、死刑が望ましくない帰結をもつことを示すものとなる。そこで、これは「①＋③」とつなげて書くのがよいだろう。

③が仮定②の帰結として主張されているのに対して、④は仮定②の外で主張されている。④は、なんらかの仮定のもとでの主張ではなく、実際に「死刑は非人道的だ」と主張するものにほかならない。そこで、④から⑤を導く論証は直接論証とみなされる。

つまり、この論証には、仮定②のもとでの価値評価（間接論証）が一つと、仮定を含まない価値評価（直接論証）が一つ、計二つの論証が含まれていることになる。それを一つの図にまとめて書いてもよいが、無理して一つにまとめる必要はない。ばらせば二つの論証になるのだから、二つの論証を併記すればよい。

例5の論証図　　　　　仮定②
　　　　　　　　　　　　↓
　　　　　　　　　　　　　　　　④
　　　　　　　　① ＋ ③　　　　↓
　　　　　　　　ーーーーー
　　　　　　　　　　⑤　　　　　⑤

では、例題をやってみよう。

例題1 次の文章から価値評価の構造を取り出し、論証図を作成せよ。
① コメは日本人の主食であるから、② 自給できなければいけない。しかし、もし③ コメを自由化したならば、④ 日本のコメ農業には国際競争力がないため、⑤ 壊滅状態になり、⑥ 自給不可能となるだろう。だから、⑦ コメは自由化すべきではない。

「③ コメを自由化したならば」の部分が仮定で、「⑥ 自給不可能となる」がその仮定の帰結である。それをきちんと明示して、論証図を作成する。

少しまちがえやすいのは、「③、④、⑤」の流れだろう。「コメを自由化

したならば」の「ならば」に引きずられて、「③ ⟶ ④」としたくなるかもしれない。しかし、そうではない。この「ならば」は⑤につながる。つまり、「③自由化した」ならば（「④国際競争力がない」ことも加わって）、「⑤壊滅状態になる」、というわけである。[71]（解答は95ページ。）

6.2 価値評価の適切さ

　価値評価の適切さは、「論証の適切さ」と「対立評価」という二つの観点から評価される。順に見ていこう。

6.2.1　論証の適切さ

　まず、提出された論証それ自体に即してその適切さがチェックされねばならない。これに関しては第4章で述べた点がそのまま当てはまる。

　(1) 論証で用いられている根拠は正しいか
　(2) 導出の関連性は十分に強いか

この2点がここでもチェックされねばならない。
　とくに価値評価型論証の場合には、価値評価をするさいの価値観・価値基準がそもそも適切かどうかを検討することも重要となる。たとえば、「なんだか古くさい茶碗だね。全然よくないよ」と言われたとき、「そこがいいんじゃないか」と反論することもありうる。あるいは、「タバコは健康によくないからやめた方がいい」という意見に対して、「健康なんてなんぼのもんじゃい」と開き直ることも、ありえないわけではない。こうした反論は、**相手が押しつけてくる価値基準を拒否すること**にほかならない。

6.2.2　対立評価

　価値評価の適切さは、ただその論証それ自体の適切さをチェックするだけでは十分ではない。たとえその論証がそれ自体としては適切であったとしても、その論証とは反対の結論を導くような他の価値評価型論証が可能であれば、それだけもとの論証は説得力を失うことになる。
　そこで、提示された論証とは反対の結論を導くような他の評価を、「**対立**

評価」と呼ぶことにしよう。価値評価は多面的であるから、対立評価を提示することはつねに可能である。そこで、相手の提出した価値評価よりもこちらが提出した対立評価の方が説得力をもつならば、その分だけ相手の論証は弱いものとされ、より説得力のある対立評価を提出しえないのであれば、問題となっている論証はそれだけ強いものということになる。

ただし、複数の対立しあう評価が存在するとき、そのどれがもっとも説得力をもつのかはやっかいな問題であり、その人の価値観・規範意識に大きく依存することになる。そして、最後は決断の問題となるだろう。

価値評価型の論証に反論する観点をまとめておこう。

---

(1) 根拠の正しさ、導出の関連性の強さに対する反論
(2) 前提にされている価値基準に対する反論
(3) 対立評価の提出

そこで、価値評価型論証の適切さの評価に関しても、先に論証の評価のところでそうしたように、「**あえて反論する**」というトレーニングを行なう。論証の各ステップを受け入れるか拒否するかを検討するために、あえて立ち止まり、反論を考えてみるのである。そのためにも、まず論証図を作り、議論の構造を整理した上で、ひとつひとつチェックしてみることにする。

例題2 次の文章を読んで問に答えよ。

大学は4年間すべてを専門教育に費やすべきである。最初の2年間を教養教育に費やしてしまうと、一人前の専門家になるのがそれだけ遅れ、その結果、学問が停滞しがちになるだろう。というのも、学問を進歩させるような新しい発想は若い時期に生まれるものだからである。

(1) 問題文から価値評価の論証構造を取り出し、論証図を作成せよ。
(2) 論証図に基づいて、可能なかぎり反論を試みよ。

第6章 価値評価

まず、主張を整理し、番号をつけておこう。

① 4年間すべてを専門教育に費やすべき。(結論)
② 2年間を教養教育に費やす。(仮定)
③ 一人前の専門家になるのが遅れる。(仮定の帰結)
④ その結果、学問が停滞しがちになる。(③と⑤からの帰結)
⑤ 新しい発想は若い時期に生まれるものだから。(④の理由)

②を仮定して、そこから③を導く。③と⑤をあわせて、そこから④を導く。④は困ったことだという価値判断から、仮定②を否定して、結論①を得る。そのような論証になっている。論証図はこれを図示すればよい。ただし、間接論証であるから、仮定は「仮定」と明記することと、最後の結論を導くときに二重線を用いることを忘れないようにしよう。

次に、論証図を参照しながら、反論を試みてみる。形式的にチェックのしどころを列挙すると、以下の点がチェックポイントとして挙げられる。

・②から③の導出は適切か。
・根拠の一部として利用されている⑤は正しいか。
・(③+⑤)⟶④という導出は適切か。
・④をもとに①を結論することは適切か。
・他に説得力のある対立評価はないか。

「④をもとに①を結論することの適切さ」はチェックを忘れがちになるので注意。②の仮定から「④学問の停滞をまねく」と帰結を導く。そして、この帰結は避けるべきであるから、仮定②は否定されて結論①が導かれるわけであるが、本当にその帰結は避けるべきものなのか。あるいは、どの程度避けるべきものなのか。その点をチェックしなければならない。そこでたとえば、「学問なんか停滞したっていいじゃないか」と反論すれば、極論ではあるが、それはそれでひとつの反論である。

そしてもうひとつ、対立評価も忘れないように。提示されたのが教養教育は不要という論証なので、対立評価としては、教養教育は不要ではないという結論を導くような論証を考えてみてほしい。(解答は95-96ページ。)

こうしたポイントのすべてに対して説得力のある反論ができるわけではないだろうが、ともかく、これらのすべてにあえて反論しようと試みてみる。論証図を作成しなければ、これだけきめ細かなチェックはなかなかできなかっただろう。一見たわいのない問題でも、ぜひ論証図を作成して、チェックのしどころを丹念に押えていく練習をしてほしい。

例題の解答

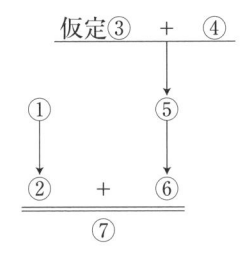

例題1

```
        仮定③  +  ④
                ↓
    ①           ⑤
    ↓           ↓
    ②    +     ⑥
    ─────────────
           ⑦
```

例題2
(1) まず主張を次のように整理し、番号をつける。
① 4年間すべてを専門教育に費やすべき。(結論)
② 2年間を教養教育に費やす。(仮定)
③ 一人前の専門家になるのが遅れる。
④ その結果、学問が停滞しがちになる。
⑤ 新しい発想は若い時期に生まれるものだから。

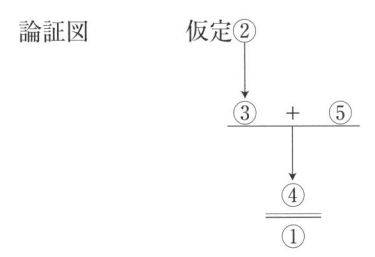

論証図
```
        仮定②
          ↓
       ③  +  ⑤
          ↓
          ④
        ─────
          ①
```

(2) ②—→③に対する反論：最初の2年間を教養教育に費やしても、一人前の専門家になるのが遅れない可能性はある。幅広い教養をもつ方がむし

ろ専門家への近道かもしれない。

根拠 ⑤ に対する反論：学問を進歩させる新しい発想は若い時期に生まれるものばかりとはかぎらない。学問によってはむしろ晩成型になるだろう。

(③＋⑤) ──→ ④ に対する反論：かりに、一人前の専門家になるのが２年遅れ、しかも学問を進歩させる新しい発想は若い時期に生まれるとしても、その２年が致命的な若さの喪失になるとはかぎらない。２年遅れてもまだ十分若いと言えるのではないか。また、新しい発想だけが学問を進歩させるわけでもないだろう。圧倒的に多くの地味な努力がある。だから、２年を教養教育に費やしたとしても、必ずしも、学問が停滞しがちになるわけではない。

④ をもとに ① を結論することに対する反論：学問の停滞よりも視野の狭い専門家を育てることの方が危険。また、大学は学者を育てるだけのところではないので、学問という観点のみから大学教育を論じることはできない。

対立評価：進路選択の余地を与える意味でも、教養教育はあった方がよいのではないか。あるいは、専門に進む前に他の分野の人と交流するチャンスを増やすためにも、教養教育は必要ではないか。また、すべての大学を一律にとらえるのではなく、大学ごとの個性を考えることも必要である。

練習問題6

問1 次の文章から価値評価の構造を取り出し、論証図を作成せよ。

(1) ① 死刑は廃止すべきだ。② 死刑も殺人なのだから、③ 殺人が非人道的である以上、④ 死刑も非人道的なはずだ。また、⑤ 死刑には犯罪抑止力があるというのも疑わしい。というのも、⑥ 死刑のことを考えて犯罪を思いとどまる人などほとんどいないと考えられるからだ。

(2) ① 目玉焼きを作るときは、水を入れず、弱火でゆっくり焼かなければいけない。② 強火で熱すると、③ 卵のタンパク質は温度上昇に敏感だから、④ 強く収縮し、結果として、⑤ 口あたりがザラザラしてしまう。さらに、⑥ 焼くときに水を加えると、⑦ 卵白は水に溶けやすいため、⑧ 目玉焼きが水っぽく仕上がってしまうのである。[72]

問2 次の文章を読んで問に答えよ。

ある大学のA先生は、学生はほめて教育すべきだという考えの信奉者である。卒業論文の発表会の場でも、学生の発表のどこかを必ずほめていた。ほめられた本人にさえお世辞と分かるようなほめ言葉であっても、ともかくほめるのである。発表会のあと、B先生がA先生に、なぜあんなにほめるのかと尋ねたところ、次のような答えが返ってきた。

「ほめられると、たとえお世辞と分かっていてもうれしいものです。そうすると、がんばろうという意欲がわくでしょう？ さらに、よいところをほめることによって、ほめられた学生は、こんなふうにやればよいのだなということが分かります。だから、たとえ本当に感心しているわけではなくとも、教育的な意味で、どこかほめられるところを見つけて、ほめてやるべきだと思いますよ。でも、さすがにB先生、鋭いご質問ですね。」[73]

(1) A先生の答えから価値評価の構造を取り出し、論証図を作成せよ。
(2) その論証図に基づいて、A先生の議論に可能なかぎり反論を試みよ。

問3 次の文章を読んで問に答えよ。

① ぼくは君に恋している者ではないが、しかし、そうであるからこそ、② 君はぼくの願いを受け入れ、ぼくに身をまかせるべきなのだ。というのも、③ 君は、君に恋している者に身をまかせるべきなのではなく、むしろ、④ 君に恋していない相手にこそ、身をまかせるべきだからだ。

第一に、⑤ 恋をしている者は、冷静ではいられず、自分ではコントロールできない力に突き動かされている。しかし、⑥ 自分の意志で行動できないような相手に身をまかせるべきではない。⑦ 君は、自分の意志で自由に君を求める者をこそ、身をまかせる相手として選ぶべきなのだ。⑧ そのように冷静に君を求められる者とは、君を恋していない者にほかならない。

第二に、⑨ 君はより多くの人々の中からもっとも君にふさわしい相手を選ぶべきだ。ところが、⑩ 君に恋している者と、君に恋していない者とでは、当然のこととして、君に恋していない者たちの方が圧倒的に多い。だから、⑪ 君は君に恋している者からではなく、君に恋していない者たちの中から、身をまかせる相手を選ぶべきなのだ。(74)

(1) 問題文から価値評価の論証構造を取り出し、論証図を作成せよ。
(2) その論証図に基づいて、可能なかぎり反論を試みよ。

課題問題6

問4 次の文章から価値評価の構造を取り出し、論証図を作成せよ。

(1) ① 高校で制服を定めると、② 感受性を育てる時期に服飾のセンスが育たない結果になりがちだ。しかし、③ 衣服は個性の表現であるから、④ そのセンスを伸ばすことは重要である。それゆえ、⑤ 高校で制服を定めるべきではないと私は考える。

(2) 日本の高度経済成長期に建設された多くの建物は、二十一世紀の初頭に順次寿命がくるので、ビルの建て替えなどで膨大な量の建築廃材（主としてコンクリート廃材）が出ることが予想される。この建築廃材を持っていくところがないので、法案を作ってリサイクルしようという計

画が持ち上がっている。

　しかし ① 建築廃材のすべてを強制的にリサイクルさせるなどということは、やるべきではない。② コンクリート廃材をリサイクルして砂利を取り出すと、どうしても廃材に含まれるモルタルが砂利に付着する。そのため、③ リサイクルした砂利を用いた新しいコンクリートは強度が半分になる。そこで、④ コンクリート廃材をリサイクルしようとすると、建造物ではなく、路盤材や山崩れ防止用に使うことになる。したがって、もし ⑤ コンクリート廃材のすべてを強制的にリサイクルさせたとすると、⑥ 日本の平野の六分の一ずつが毎年コンクリートに覆われていくという恐ろしいことになってしまうのである。(75)

問5　次の文章を読んで問に答えよ。
　大学の授業のときに（つまんない授業なんだ、これがまた）、後ろの席に座ってケータイでメールしてたら、教師に注意された。メールするなら教室の外でしろって言うのだ。納得いかない。<u>授業料を払ってるんだから、教室にいる権利はあるはずだ。後ろの席でメールしてたって周りに迷惑かけてるわけじゃない。だから、授業中にケータイでメールするぐらい、ぜんぜんいいじゃないか。</u>

(1) 下線部から価値評価の論証構造を取り出し、論証図を作成せよ。
(2) その論証図に基づいて、可能なかぎり反論を試みよ。（たとえ問題文の意見に共感するとしても、あえて反論を考えてみること。）

Ⅲ　演　繹

　第Ⅲ部では、話題をいっそう限定し、論証のための基本技術として演繹を主題的に取り上げよう。
　正しい演繹には、推測の場合と異なり、絶対に確実な導出を与えるという顕著な特徴がある。推測（仮説形成）が、証拠となる事実からそれを越えた仮説へと、いわば生産的な飛躍を試みるものであったのに対して、演繹はいっさいの飛躍を許さない。演繹は、提示された主張の内に含まれている内容だけを取り出してくるものであり、その主張に含意されていない内容を読み取ることを禁じる。この潔癖さが、演繹に絶対的な確実性を与えるのである。それゆえ、演繹は論証の組み立てと批判において、もっとも鋭利な武器となる。「論理」ということで一般にイメージされるものも、こうした場面であるだろう。
　ここで論理学について一言述べておこう。論理学は、とくに現代においては、そのほとんどが演繹を研究する分野となっている。しかも、それは演繹の中でもとくに「形式論理」と呼ばれるものを扱う。演繹とは、ある主張からその含意を取り出すことであるから、言葉を用いるあらゆる場面で、演繹的な推論は可能となる。たとえば「独身」と言えば「結婚していない」と理解するが、これも演繹である。しかし、論理学が注目する語はほんのわずかなものにすぎない。たとえば、「AまたはB」と「Aではない」から「B」が演繹されるが、ここで「A」と「B」には何に関する文が入ってもよい。すなわち、この推論は「または」の意味と「ではない」の意味に基づいて成立しているのである。このように、「A」と「B」の内容に関わらずに成立

する推論を扱うことから、こうした推論は「形式論理」と呼ばれる。そこでその「形式」を形作る語彙は、まず否定詞と接続詞である。さらに、「すべて」と「存在する」といった語彙にも注目する。現代論理学のもっとも基本的な体系は「述語論理」と呼ばれるが、それはつまるところ、これらの語彙（否定詞、接続詞、「すべて」、「存在する」）に基づいて成立する演繹的推論を体系化したものにほかならない。

　ここでわれわれが扱う話題も、基本的に論理学が扱う形式論理である。しかし、本書の目的は論理学入門ではない。ここでは、形式論理の体系を学ぶことではなく、あくまでも論証の基本技術をトレーニングすることに関心がある。有益でいきいきとした演繹の力を身につけ、そうしていっそう正確で強靭な論証と批判を可能にする。そこに、われわれの目的がある。

第 7 章

否　定

　相手がなにごとかを主張したときに、「それは違う」と否定する。では、「それは違う」という言い方の内実は何だろうか。これがこの章の問題にほかならない。ひとくちに否定といっても、そのあり方はそれが否定する主張に応じて異なってくる。
　この点を明確にせずに反論を行なうことによって、しばしば議論が空転する。それゆえ、ある主張に対する否定のあり方を検討し、整理しておくことは、反論や批判のためになによりも基本的な主題となる。

7.1　否定と反対

　ここでは、「否定」という語を多少厳格な意味で用い、「否定」と「両立不可能」や「反対」をそれぞれ区別することにしたい。
　「A」と主張されたとする。「A」の内容は何に関するものでもよい。たとえば「カモノハシは卵を産む」でも「花子は三日三晩眠っていた」でも、何でもよい。それに対して、「それは違う」とか「そんなことはない」と応じるとき、そこで意味されていることを「**Aの否定**」と呼ぼう。Aの否定は、「Aということはない」とか「Aというわけではない」と書くことができるだろう。
　この規定はあたりまえのように思われるかもしれないが、必ずしもそうではない。日常的にはあいまいにされる点を、少しは明確に規定している。た

とえば、「太郎は来るはずだ」の否定は、いまの規定に従えば、「太郎は来るはずがない」と同じものではないということになる。というのも、「太郎は来るはずがない」は、「太郎は来るはずだ」の否定である「「太郎は来るはずだ」ということはない」の意味の一部分でしかないからである。なんだか、分かりにくいかもしれない。並べて書いてみよう。

　　　太郎は来るはずがない。
　　　「太郎は来るはずだ」ということはない。

「A」という主張と同時に主張すると矛盾になってしまうような主張を「**Aと両立不可能な主張**」と呼ぼう。そのとき、「太郎は来るはずがない」はたしかに「太郎は来るはずだ」と両立不可能である。だが、「太郎は来るはずだ」と両立不可能な主張はそれだけではない。「太郎は来るかもしれないし、来ないかもしれない」という主張もまた、「太郎は来るはずだ」と両立不可能な主張である。

　そこで、「太郎は来るはずだ」という主張に対して「そんなことはない」と応じるとき、それはただ「太郎は来るはずがない」という場合だけでなく、「太郎は来るかもしれないし、来ないかもしれない」という場合もカバーしていると考えられる。「太郎は来るはずだ」というのは、「太郎が来る」と考える根拠があるということであるから、それを否定するのに、「太郎は来るはずがない」として、「太郎は来ない」と考える根拠があるとまで主張するのは強すぎるのである[76]。来るか来ないか、どちらの根拠もないという場合も含ませなければいけない。

　このように、ある主張と両立不可能なすべての場合をカバーするものとして否定をとらえようというのが、ここでの否定の意味規定にほかならない。

　さらにここでは、「来るはずだ」に対して「来るはずがない」と主張することを、否定と区別して、「**反対**」と呼ぶことにしよう。

A	Aの否定	
来るはずだ	来るかもしれないし来ないかもしれない	来るはずがない

　　　　　　　　　　　　　　　　　　　　　　　　　　　Aの反対

同様の図は、「……すべきだ」という表現の場合にも作ることができる。

例題1 「花子は休むべきだ」という主張に関して、図の空欄(a)と(b)に適切な文を入れよ。

A	Aの否定	
花子は休むべきだ	(a)	(b)

右端列の下に「Aの反対」

(解答は112ページ。)

あるいは、「太郎は花子を好きだ」のような主張の場合にも、反対と否定の区別を立てることができる。「好き」の反対は「嫌い」であるが、「太郎は花子を好きだ」の否定は「太郎は花子を嫌いだ」ではない[77]。

A	Aの否定	
太郎は花子を好きだ	太郎は花子を好きでも嫌いでもない	太郎は花子を嫌いだ

右端列の下に「Aの反対」

7.2 「かつ」と「または」

複数のことを同時に主張する「AかつB」、「AかつBかつC」のような文を「**連言文**」と呼び、「かつ」に代表されるような接続関係を「**連言**」と呼ぶ。また、複数のことのうち少なくともどれかが成立していることを主張する「AまたはB」、「AまたはBまたはC」のような文を「**選言文**」と呼び、「または」に代表されるような接続関係を「**選言**」と呼ぶ。

例1 花子は太郎と次郎にメールを出した。

例1は、「花子は太郎にメールを出した」と「花子は次郎にメールを出し

た」との連言である。この主張に対して「そんなことはない」と否定したとすると、その内容には、花子が太郎にメールを出さなかったという場合、次郎にメールを出さなかったという場合、そして太郎にも次郎にもメールを出さなかったという場合が含まれることになる。それをまとめて書くならば、「花子は太郎にメールを出さなかったか、または、次郎にメールを出さなかった」となる。一般的に言って、連言文「AかつB」の否定は、Aの否定とBの否定の選言、「Aではない、または、Bではない」となる。

例2　花子は太郎か次郎にメールを出した。

例2は、「花子は太郎にメールを出した」と「花子は次郎にメールを出した」との選言である。この選言文を否定するには、選言でつながれている二つの主張の両方を否定しなければならない。「花子は太郎か次郎にメールを出した」という主張に対して、その片方だけを否定し、「花子は太郎にメールを出してはいない」とだけ主張しても、これは両立可能なものとなっている。一般的に言って、選言文「AまたはB」の否定は、Aの否定とBの否定の連言、「Aではない、かつ、Bではない」となる。

連言文と選言文の否定に関するこうした関係は、論理学において「**ド・モルガンの法則**」として知られる。もう少し説明し、整理しておこう。

二つの主張AとBがあるとき、その主張に対する肯定・否定の組み合わせは4通りある。この4通りの図示を利用して、ド・モルガンの法則を説明することができる。ここで、Aに対する否定を「$\bar{A}$」と書くことにしよう。

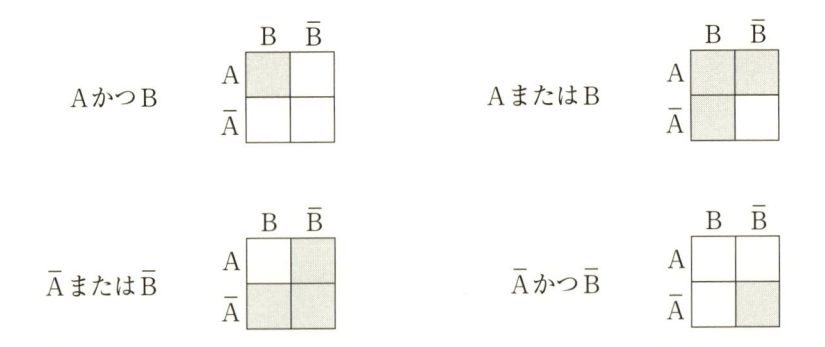

図から見てとれるように、「AかつB」と「$\bar{A}$または$\bar{B}$」は、重なる部分をもたず、しかも両者をあわせると全体をカバーするものとなっている。このことは、「AかつB」の否定が「$\bar{A}$または$\bar{B}$」であることを意味している。「AまたはB」と「$\bar{A}$かつ$\bar{B}$」も同様の関係にある。そしてそのことは、「AまたはB」の否定が「$\bar{A}$かつ$\bar{B}$」であることを意味している。これが、ド・モルガンの法則である。標語風に言うならば、「**連言の否定は否定の選言、選言の否定は否定の連言**」となる。

連言文と選言文のド・モルガンの法則
（AかつB）ではない ⇔ （Aではない）または（Bではない）
（AまたはB）ではない ⇔ （Aではない）かつ（Bではない）

例題2 次の主張の否定を、ド・モルガンの法則を用いて書き換えよ。
(1) 今週は土曜も日曜も花子は家にいる。
(2) 太郎か次郎の少なくともどちらか一人は家にいる。
(3) 今週は土曜も日曜も、太郎か次郎の少なくともどちらかが家にいる。

---

(3)についてだけ解説しておこう。これは連言と選言の組み合わせであるから、ド・モルガンの法則を二回、順次適用することになる。ここで、次は意味が異なるので注意したい。

(a) 土曜は太郎か次郎のどちらかが家にいる、かつ、日曜も太郎か次郎のどちらかが家にいる。
(b) 土曜と日曜に太郎が家にいるか、または、土曜と日曜に次郎が家にいるかどちらかだ。

たとえば、土曜に太郎が家にいて日曜に次郎が家にいた場合、(a)は真であるが、(b)は偽になる。では、(3)の文は(a)と(b)どちらの意味かといえ

ば、(a)であるととらえられるだろう。

そこで、(a)の否定に対してド・モルガンの法則を順次適用すると、次のようになる。($\overline{A}$は主張Aに対する否定を表わす。)

$\overline{\text{土曜は太郎か次郎が家にいる、かつ、日曜も太郎か次郎が家にいる。}}$
↕
$\overline{\text{土曜は太郎か次郎が家にいる}}$、または、$\overline{\text{日曜は太郎か次郎が家にいる}}$。
↕
土曜は太郎も次郎も家にいない、または、日曜は太郎も次郎も家にいない。

(解答は 112 ページ。)

7.3 「すべて」と「存在する」

「すべてのSはPである」や「すべてのSはPではない」のように、あるものたちすべてについてなにごとかを主張する文を「**全称文**」と呼び、「Sの中にPであるものが存在する」や「Sの中にPでないものが存在する」のように、何かの存在を主張する文を「**存在文**」と呼ぶ。

たとえば次は全称文である。

例3 このクラスの学生は全員靴下をはいている[78]。

そこでこのような全称文で表わされる主張を否定しようとするときに、「このクラスの学生は全員靴下をはいていない」と断定してしまうのは強すぎる。そのような場合もあるかもしれないが、靴下をはいている人もはいていない人もいるという場合であっても、この文とは両立不可能になる。そこで、先に示したような図をここでも書くことができる。

A	Aの否定	
全員靴下をはいている	靴下をはいている学生もいればはいていない学生もいる	全員靴下をはいていない

7.3 「すべて」と「存在する」

「靴下をはいている学生もいればはいていない学生もいる」と「全員靴下をはいていない」をまとめて「靴下をはいていない学生がいる」と表現することができる。「靴下をはいていない学生がいる」というのは、最低一人から最大全員までをカバーするわけである。それゆえ、全称文「全員靴下をはいている」の否定は、「靴下をはいていない学生がいる」という存在文となる[79]。

逆に存在文の否定は全称文になる。

例4 このクラスに水虫の学生がいる。

これを否定するということは、このクラスに水虫の学生はいないと主張することであり、それはすなわち、「すべての学生は水虫ではない」と主張することにほかならない。

連言と選言のときと同じく、全称文と存在文に関するこうした関係もまた、「ド・モルガンの法則」と呼ばれる。ここでも標語風に言うならば、「**全称の否定は否定の存在、存在の否定は否定の全称**」となる。

全称文と存在文のド・モルガンの法則
「すべてのSはPだ」の否定 ⇔ PではないSが存在する
「Sの中にPであるものが存在する」の否定 ⇔ すべてのSはPではない

例題3 A「すべての大学生はたこ焼きを食べたことがある」という主張と次の(a) – (c)との関係を考えたい。
 (a) すべての大学生はたこ焼きを食べたことがない。
 (b) たこ焼きを食べたことがある人の中には大学生でない人がいる。
 (c) たこ焼きを食べたことがない人の中には大学生がいる。

 (1) 主張Aと両立可能なものがあればすべて答えよ。
 (2) 主張Aの否定になっているものはどれか。

(a) はAと両立不可能である[80]が、Aの否定としては強すぎる。

(b) は「大学生でない人の中には、たこ焼きを食べたことがある人がいる」に等しい。一般に、「Sの中にPであるものが存在する」は「SかつPであるものが存在する」に等しく、それゆえそれはまた、「Pの中にSであるものが存在する」に等しい。

| Sの中にPであるものが存在する ⇔ Pの中にSであるものが存在する |

そこで、Aと(b)をつなげて主張してみると、「すべての大学生はたこ焼きを食べたことがあるが、大学生でない人の中にもたこ焼きを食べたことがある人がいる」となる。これは矛盾しているだろうか。

ここには、「すべてのSはPである」という全称文に関して、きわめて重要なことがある。「すべての大学生はたこ焼きを食べたことがある」のような全称文は、大学生について、「全員たこ焼きを食べたことがある」と主張するものであり、大学生でないものについては、たこ焼きを食べたことがあるかどうか、何も述べてはいない。それゆえ、「すべての大学生はたこ焼きを食べたことがある」に対して「大学生でない人の中にたこ焼きを食べたことのある人がいる」は両立可能となる。

| 「すべてのSはPである」はSでないものについては何も述べていない。 |

(c)「たこ焼きを食べたことがない人の中には大学生がいる」は「大学生の中にはたこ焼きを食べたことがない人がいる」に等しい。これはまさに主張Aの否定にほかならない。(解答は112ページ。)

全称文と存在文が組み合わされた、より複雑な文もそれほど珍しいものではない。たとえば、「誰にでも、誰か好きな人がいる」などはそうである。そこで、そのような主張の否定に関して問題をやってみよう。

7.3 「すべて」と「存在する」

> **例題4** A「すべての学生が、受験した会社のうちどこかに採用された」という主張と次の(a) – (c)との関係を考えたい。
> (a) 受験した会社のうちどこかに採用されなかった学生がいる。
> (b) 受験した会社すべてに採用されなかった学生がいる。
> (c) すべての学生が、受験した会社すべてに採用されなかった。
>
> (1) 主張Aと両立可能なものがあればすべて答えよ。
> (2) 主張Aの否定になっているものはどれか。

全称文と存在文の組み合わせであるから、ひとつずつ順番に考えていく。まず、「受験した会社のうちどこかに採用された」ということをPとしよう。問題の主張Aは「すべての学生がP」となる。これを否定して、ド・モルガンの法則を適用すると、「Pでない学生がいる」となる。

そこで次に、「Pでない」を考える。「受験した会社のうちどこかに採用された」の否定であるから、「受験した会社のすべてに採用されなかった」となる。

以上を組み合わせると、Aの否定が出てくる。

Aの否定を押えつつ、あらためて(a) – (c)を見てみよう。まず両立可能なものと両立不可能なものに分ける。そして次に、両立不可能なもののうち、Aの否定に等しいものとそうでないものに分ける。（解答は112ページ。）

時間がかかってもよいから、こうした手順を冷静に、正確にできるようになってほしい。

最後にもう一点、条件文の否定について述べておこう。

たとえば「夕焼けがきれいならば翌日は晴れる」のように、条件文とは「AならばB」という形の主張である。そして、**条件文「AならばB」の否定は「AならばBではない」とはならない**。これは、全称文「すべてのSはPだ」の否定が「すべてのSは非Pだ」とはならないことに対応している。「AならばB」は「Aの場合にはすべてBになる」ということであるから、その否定は「Aの場合にはすべて非Bになる」ではなく、全称文の否定が存在文に

なったように、「Aの場合であってもBでない場合もある」になるのである。

> 条件文「AならばB」の否定 ⇔ AであってもBでないこともある

「夕焼けがきれいなら翌日は晴れる」で確認しておけば、その否定は「夕焼けがきれいでもその翌日が晴れないこともある」であり、けっして「夕焼けがきれいなら翌日は晴れない」ではない。

例題の解答

例題1　(a) 花子は休んでもよいし、休まなくてもよい。
　　　　　(b) 花子は休むべきではない[81]。

例題2
(1) 今週の土曜か日曜のどちらかは、花子は家にいない。
(2) 太郎も次郎も家にいない。
(3) 今週は土曜か日曜の少なくともどちらかは、太郎も次郎も家にいない。

例題3　(1) (b)　　(2) (c)

例題4　(1) (a)　　(2) (b)

練習問題7

問1 与えられた主張に関して、図の空欄(a)と(b)に適切な文を入れよ。

(1) A：太郎は正直だ。

	Aの否定	
A	(a)	(b)

(b)の下：Aの反対

(2) A：日本経済は破綻するはずだ。

	Aの否定	
A	(a)	(b)

(b)の下：Aの反対

問2 「太郎は論理学を勉強してもよいし、しなくてもよい」という主張の否定に相当する内容を、ある程度長くなってもよいから、ともかく分かりやすく（耳で聞いて分かる程度に）表現せよ。

問3 次の主張の否定をド・モルガンの法則を用いて書き換えよ。
(1) すべてのことがらは性的要因か経済的要因によって説明できる。
(2) このアパートには犬と猿とキジを飼っている人がいる。
(3) 太郎か次郎のどちらかが、論理学と哲学の講義を両方とっている。

問4 A「倫理学者の中には倫理的でない者がいる」という主張と次の(a)–(c)との関係を考えたい。
(a) 倫理学者の中には倫理的な者がいる。
(b) 倫理的でない者は倫理学者ではない。
(c) 倫理的な者はすべて倫理学者である。

(1) 主張Aと両立可能なものがあればすべて答えよ。
(2) 主張Aの否定になっているものはどれか。

問5 A「受験した会社のすべてに採用されなかった学生がいる」という主張と次の(a) – (c)との関係を考えたい。
 (a) 受験した会社のすべてに採用された学生がいる。
 (b) すべての学生が、受験した会社のすべてに採用された。
 (c) すべての学生は、受験した会社のうちどこかに採用された。

(1) 主張Aと両立可能なものがあればすべて答えよ。
(2) 主張Aの否定になっているものはどれか。

問6 次のBの主張がAの主張に対して両立可能であるか両立不可能であるかを、その理由を説明しつつ、答えよ。

(1) A「太郎と次郎が家にいれば、花子は家にいない。」
  B「いや、昨日は花子も太郎も家にいたじゃないか。」

(2) A「おまえらはそろいもそろって腰抜けだ。」
  B「なに言ってんだ。少なくともぼくは違うぞ。」

(3) A「この中にぼくの弁当を食べた者がいるはずだ。」
  B「なんてこと言うのよ。わたし食べてないわよ。」

(4) A「あのパーティーで全員に名刺を配ってた人がいたって。」
  B「そのパーティーには出ていたけど、ぼくは誰からも名刺をもらわなかったぞ。」

(5) A「誰にでも、誰か一人ぐらいは好きな人っているし、誰か一人ぐらいからは好かれているものだよね。」
  B「なに甘いこと言ってんの。誰のことも好きじゃない人だって、いるにきまってるじゃない。」

課題問題7

問7 与えられた主張に関して、図の空欄(a)と(b)に適切な文を入れよ。

(1) A：太郎は今日大学に来るはずだ。

A	(a)	(b)

（上部：Aの否定／右下：Aの反対）

(2) A：あの店の料理はおいしかった。

A	(a)	(b)

（上部：Aの否定／右下：Aの反対）

問8 「花子は太郎と結婚すべきだ」の否定が「花子は太郎と結婚すべきではない」とはならないことを、できるかぎり分かりやすく説明せよ。

問9 次の主張の否定をド・モルガンの法則を用いて書き換えよ。
(1) このクラスに熊本か鹿児島出身の学生がいる。
(2) このクラスの学生は全員論理学と哲学の授業を両方とっている。

問10 A「体育祭ではすべての学生が少なくとも一つの競技に参加した」という主張と次の(a) – (c)との関係を考えたい。
(a) 体育祭ですべての競技に不参加だった学生がいた。
(b) 体育祭ですべての競技に参加した学生がいた。
(c) 体育祭ではすべての学生が参加した競技はなかった。

(1) 主張Aと両立可能なものがあればすべて答えよ。
(2) 主張Aの否定になっているものはどれか。

問11 次のBの主張がAの主張に対して両立可能であるか両立不可能であるかを、その理由を説明しつつ、答えよ。

(1) A「われわれの大学でも、1年か2年のときに日本語を読む能力と書く能力を鍛えるコースを導入すべきだ。」
　　B「日本語を書く能力についてはそうかもしれないが、日本語を読む能力については、どんな大学であろうと、また何年生であろうと、そのようなコースを導入する必要はない。」

(2) A「誰からも好かれる人っているじゃない。」
　　B「あら、誰からも好かれない人だっているわよ。」

(3) A「このクラスの女子学生の中に、論理学の試験が不合格だった人がいるんだって。」
　　B「ていうか、その論理学の試験に合格したのは、このクラスの女子学生だけだったんだ。」

第8章

条件構造

　演繹的な推論においてもっとも重要な役割を果たすのは、「AならばB」のような文に代表される、条件文の構造をもった主張である。条件文の構造に基づく演繹は、単純なものであればまちがうこともないが、複雑な形になってくると案外まごついたり分からなくなったりするだろう。この章では、そうした演繹的推論を使いこなすための基礎トレーニングをする[84]。

8.1　逆・裏・対偶

　まず問題をやってみていただきたい。

　例題1　中華料理屋「上海亭」について、次の(a)が分かっているとき、そこから正しく演繹できるものを下の①-③から選べ。

　午後10時を過ぎたならば、上海亭はやっていない ……(a)

　① 上海亭がやっていないならば、午後10時を過ぎている。
　② 午後10時を過ぎていないならば、上海亭はやっている。
　③ 上海亭がやっているならば、まだ午後10時過ぎではない。

たとえば上海亭が祝日に休みであったとする。これは(a)で言われていることと矛盾するだろうか。

(a)では、「午後10時を過ぎたならばやっていない」と言われているのであり、それ以外は必ずやっているとまでは言っていない。だから、上海亭が祝日に休みであったとしても、それは別に(a)に矛盾しない。ということは、(a)から①は演繹されないということである。正しい演繹とは、前提を認め、しかし結論を否定すると、矛盾とみなされるものにほかならない。

いま述べたことより、(a)から②も演繹されない。

③はどうか。そこで、(a)を認め、③を否定してみよう。条件文「上海亭がやっているならば、まだ午後10時過ぎではない」の否定であるから、「上海亭は<u>やっている</u>が、午後10時は過ぎている」となる。しかし、(a)は認めるのだから、午後10時を過ぎているならば上海亭は<u>やっていない</u>。とすると、上海亭がやっていることを主張し、かつ、やっていないことも主張することになる。矛盾である。つまり、(a)を認め、③を否定すると矛盾するのであるから、(a)から③は演繹されると言える。（解答は127ページ。）

一般に、ある条件文に対して、その「逆」、「裏」、「対偶」と呼ばれる形の条件文を作ることができる。

例1 平日ならば、上海亭は開店している。

これに対して次を、それぞれ例1の文の「逆」、「裏」、「対偶」と呼ぶ。

逆：上海亭が開店しているならば、平日である。
裏：平日ではないならば、上海亭は開店していない。
対偶：上海亭が開店していないならば、平日ではない。

この中でもとの主張から正しく演繹できるのはその対偶だけである。逆や裏を導くことは、その導出に蓋然性を含む推測としては成立しうる場合もあるが、演繹としては正しくないものとなる。すなわち、ある主張Aが正しいとしても、Aの逆や裏は必ずしも正しくはないのである[85]。

そこで、条件Pのもとで帰結Qが成立することを簡単に「P⟶Q」のように表わすことにする。逆、裏、対偶の関係をまとめて図示してみよう。

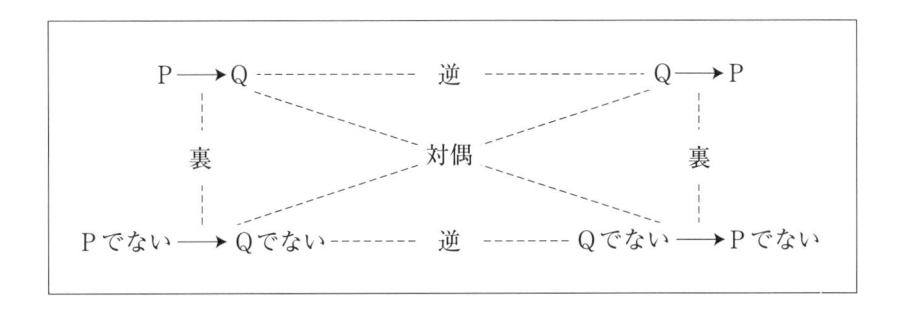

```
    P ──→ Q  ------   逆   ------  Q ──→ P
    ┊                                   ┊
    裏            対偶                  裏
    ┊                                   ┊
    Pでない ──→ Qでない ---- 逆 ---- Qでない ──→ Pでない
```

　逆・裏・対偶の関係を考えられるのは条件文だけではない。あるものたちすべてについて何ごとかを主張する全称文もまた、同様の構造をもつ。

例2　（すべての）ペンギンは鳥だ。

逆：（すべての）鳥はペンギンだ。
裏：ペンギンでないものは（すべて）鳥ではない。
対偶：鳥でないものは（すべて）ペンギンではない。

　この場合もまた、正しく演繹されるのはその対偶だけである。
　「（すべての）ペンギンは鳥だ」という全称文は、「なんであれ、それがもしペンギンであるならば、それは鳥である」のように理解すれば、「ペンギン──→鳥」という条件文的な構造をもっていると考えられるのである。
　そこで、「P ──→ Q」で表わせるこうした文の構造を一般に「**条件構造**」と呼ぶことにする。

例題2　次の文のうち条件構造をもつものについて、その逆、裏、対偶を作れ。
(1) タラバガニはカニではない。
(2) 文法的にはまちがっているのに名文とされるような文章もある。
(3) 彼女がぼくを嫌いならプレゼントは受け取ってもらえない。

(1) 実は、タラバガニはカニではなく、ヤドカリの仲間である。それはともかく、これは「すべてのタラバガニはカニではない」という全称文であり、「タラバガニ──→カニではない」という条件構造がある。

(2) 言うまでもなく、どんな主張でも条件構造をもつわけではない。(2) は条件と帰結の構造をもっていない。それゆえ、逆、裏、対偶を考えることはできない。

(3) これは「彼女がぼくを嫌い──→プレゼントは受け取ってもらえない」という条件構造をもつ。(解答は127ページ。)

この問題でも、正しく演繹できるのは対偶だけであり、逆や裏を導くのは演繹としては正しくないということを確認してほしい。

ここで、「PのときにはQ」と「PのときだけQ」を区別することが重要である。「P──→Q」という条件構造をもった主張は、「PのときだけQ」と主張しているわけではなく、Pが成立していなくとも、P以外の条件からもQが帰結する可能性を認めている。このことを考えると、逆「Q──→P」や裏「Pでない──→Qでない」が必ずしも成立しないことが分かるだろう。

では、「PのときだけQ」の条件構造を問題にしておこう。

> **例題3** 「太郎は試験のある日だけ勉強する」の条件構造を「P──→Q」の形で表わせ。

「試験がある──→太郎は勉強する」と答えてはいけない。「試験のときだけ勉強する」は「試験があれば必ず勉強する」とは違うからである。イメージとして図示すれば、問題の文はたとえば次のような状況を意味する。

8.1 逆・裏・対偶

　試験がある日に必ず勉強しているとはかぎらないが、少なくとも試験のない日には勉強しない。勉強するとしたらそれは試験のある日だけだ。これが、「試験のある日だけ勉強する」の意味である。

　それゆえ、条件構造としては、「試験がない──→太郎は勉強しない」と答えることになる。あるいはまた、対偶をとって、「太郎が勉強する──→その日は試験がある」のように答えてもよい。（解答は127ページ。）

「Pのときだけ Q」の条件構造：P ではない──→ Q ではない（Q ──→ P）

　では、逆・裏・対偶に関して、演繹の問題をやってみよう。日常的に見られる演繹のまちがいの多くは、逆や裏を用いてしまっていることによる。それゆえ、この点に注意するだけで、誤りはずいぶん減らせるだろう。

例題4　次の推論について、演繹として正しいものには○をつけ、誤っているものについてはそれがどうして誤りなのかを説明せよ。
(1) 数学は総合的である。自然科学は数学ではない。それゆえ、自然科学は総合的ではない。
(2) 数学は総合的である。幾何学は総合的である。それゆえ、幾何学は数学である。
(3) 数学は総合的である。論理学は総合的ではない。それゆえ、論理学は数学ではない。

　ここで、何を言っているのかよく分からない文を用いたのは、わざとである。分かりやすい内容だと、内容から判断して推論の正誤を決めてしまいかねない。しかし、推論の正誤はその内容から判断するのではなく、それが対偶を利用したものかどうか、逆や裏を使ってしまっているのではないか、といった形式によって判断しなければならない。

　そこで、例題4の推論を見ると、それぞれ次のような形式をもっている。

(1) A⟶B。自然科学はAではない。ゆえに、自然科学はBではない。
(2) A⟶B。幾何学はBである。ゆえに、幾何学はAである。
(3) A⟶B。論理学はBではない。ゆえに、論理学はAではない。

(1)は裏を用いた誤り。(2)は逆を用いた誤り。(3)は対偶を用いているので、正しい演繹になっている。(解答は127ページ。)

8.2 条件連鎖

「A⟶B」と「B⟶C」から「A⟶C」が演繹できる。このような条件構造の連鎖と、対偶による言い換えを用いて、多くの推論が分析できる。まず、例を示そう。

例3　論理的な人は理屈っぽい ……①
　　　議論を好まない人は理屈っぽくない ……②
　　　それゆえ
　　　議論を好まない人は論理的ではない ……③

重要なことは、①の対偶が使えるということである。①の対偶は「理屈っぽくない人は論理的ではない」となる。②に、この①の対偶をつなげれば、③が出てくる。つまり、これは正しい演繹である。

これに対して、同じ前提から次の結論を導いたとしよう。

例4　論理的な人は理屈っぽい ……①
　　　議論を好まない人は理屈っぽくない ……②
　　　それゆえ
　　　論理的でない人は議論を好まない ……③

結論となる③は、論理的でない人について、そのような人は議論を好まないと主張している。ところが、前提①も②も論理的でない人については何も述べていないのである。②が論理的でない人について何も述べていないのは明らかだが、①も、直接の形では論理的な人について述べており、

8.2 条件連鎖

対偶をとったとしても、理屈っぽくない人についての主張になるだけである。それゆえ、この前提 ① と ② から論理的でない人について何ごとかを正しく演繹することはできない。

あえて分析すれば、ここでは次のような推論が為されたと考えることもできる。

　　論理的でない人は理屈っぽくない ……① の裏
　　理屈っぽくない人は議論を好まない ……② の逆
　　それゆえ
　　論理的でない人は議論を好まない ……③

そうだとすれば、これは ① の裏と ② の逆を用いた誤りということになる。

あるいはまた、例 4 が正しい演繹でないことは、例 4 と同じ形式をもつ次のような推論が馬鹿げていることからも明らかだろう[86]。

　例 5　イワシは魚である ……①
　　　　　泳げないものは魚ではない ……②
　　　　　それゆえ
　　　　　イワシでないものは泳げない ……③

　例題 5　次に示された導出が演繹としてどうして正しくないのかを説明せよ。
　生のニンニクにはアリシンという成分が含まれている。アリシンは抗菌作用ももつが、正常な細胞も攻撃して傷つけてしまうので、とりすぎると胃を荒らしてしまう。しかし、アリシンは他の化合物に変化しやすく、加熱したニンニク中には存在しない。だから、ニンニクを食べるときには焼いて食べれば、胃を荒らすこともない[87]。

ここに含まれる推論を単純化して表わすならば、次のようになる。

アリシンが含まれる ─→ 胃を荒らす
焼きニンニク ─→ アリシンは含まれない
だから
焼きニンニク ─→ 胃を荒らさない

ここには、「アリシンが含まれる ─→ 胃を荒らす」とその裏である「アリシンは含まれない ─→ 胃を荒らさない」の混同がある。そのため、誤った演繹となってしまった。さらにニンニク中の成分で胃を荒らすものがアリシンだけであることを確認しなければ、アリシンを除去したからといってただちに胃はもうだいじょうぶとはならない。(解答は127-128ページ。)

では、もう少しレベルを上げて、条件連鎖と対偶だけでなく、「PのときだけQ」の構造やド・モルガンの法則も使った推論を見てみよう。かなり分かりにくくなるので、慎重に検討していかなければならない。

例題6 次の ①、②、③ が言えているとする。
信頼される人は思いやりがあり、かつ、洞察力がすぐれている ……①
洞察力のすぐれた人や冷静な人は判断を誤ることはない ……②
信頼される人物だけが尊敬される ……③

以上の前提から次が正しく演繹できるかどうかを説明せよ。
(1) 尊敬される人は冷静である。
(2) 判断を誤る人は尊敬されない。

「正しく演繹できるかどうかを説明せよ」というのはあいまいな問題形式だが、その分実践的に考えていただきたい。正しく演繹できるものについては、それを「正しく演繹できない」と誤解してしまった人に説明する、そして正しく演繹できないものについては、それを「正しく演繹できる」と誤解してしまった人に説明する、そういう実際の場面を想定して答えてみてほしい。つまり、答えを知っている教師に向かって説明するのではなく、自分よりも少しだけものわかりの悪い相手を想定するのである。(あくまでも「少

しだけ」である。だから、前章でやったド・モルガンの法則や、先の節でやった「AのときだけB」の条件構造についてなどは、もう説明しなくてもよい。)

　まず、ひとに説明する前に与えられた推論の正誤を判定しておかなければならない。そのとき、この問題のように複雑な前提の場合には、その対偶をあらかじめ作って書き出しておくとよいだろう。最初に、次のようなメモを作っておこう。自分用であるから、自分で分かる程度に簡略化してよい。また、慣れてきたら簡単な対偶は書かなくてもよいだろう。

　信頼される ─→ (思いやり かつ 洞察力) ……①
　(思いやりなし または 洞察力なし) ─→ 信頼されない ……① の対偶
　(洞察力 または 冷静) ─→ 判断誤らない ……②
　判断誤る ─→ (洞察力なし かつ 冷静でない) ……② の対偶
　尊敬される ─→ 信頼される ……③
　信頼されない ─→ 尊敬されない ……③ の対偶

　①「信頼される人は思いやりがあり、かつ、洞察力がすぐれている」の対偶をとると、「(思いやりがあり、かつ、洞察力がすぐれている) のではないならば、信頼されない」となる。ここで、ド・モルガンの法則を用いると、「(思いやりがあり、かつ、洞察力がすぐれている) のではない」は「思いやりがないか、または、洞察力がすぐれていない」となる。そこで①の対偶をきちんと書くと、「思いやりがないか、または、洞察力がすぐれていないならば、そのような人は信頼されない」となる。
　②の対偶も同様にして、「判断を誤る人は、洞察力がすぐれておらず、かつ、冷静でもない」となる。
　③は、「信頼される人だけが尊敬される」であるから、「だけ」に注意して、その条件構造を「尊敬される ─→ 信頼される」ととらえる。
　具体的に問題の分析に入る前に、もう一点、説明をしておきたい。「(AまたはB) ならばC」という形の条件構造の使い方である。前提が「AまたはB」のように選言であるから、AかBの少なくともどちらかが成立していればよい。それゆえ、AだけからもCが導けるし、また、BだけからもCが導ける。図示すれば、こんなふうに書くこともできるだろう。

（AまたはB）ならばC

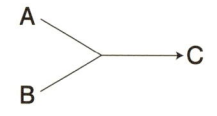

```
A
 ╲
  ╲→ C
  ╱
B
```

　例題6の場合には、①の対偶や②を用いるときに、注意が必要である。
　それでは、(1)「尊敬される─→冷静」を調べよう。上の前提を使って、「尊敬される」から「冷静」までたどりつけるかどうかを調べる。

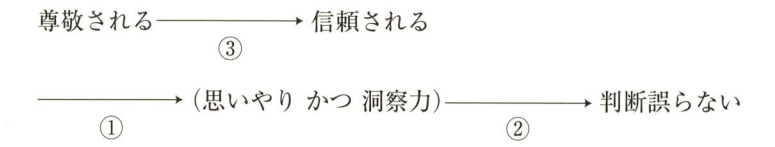

```
尊敬される ─────────→ 信頼される
              ③
─────────→ （思いやり かつ 洞察力）─────────→ 判断誤らない
    ①                                    ②
```

　こうして、尊敬される人は、さらに信頼され、思いやりがあり、洞察力もあり、判断を誤らない人であるということが分かった。ここまでくると「冷静である」まであと一歩という気がするのだが、しかし、導けるのはここまでである。①と③はもちろん、②もまた、「判断を誤らない」について何も述べていない。それゆえ、どうやっても「冷静」にはたどりつけない。ということは、与えられた前提をもとに「尊敬される人は冷静である」は導けないということである[88]。
　次に(2)「判断誤る─→尊敬されない」を同様に調べよう。

```
判断誤る ─────────→ （洞察力なし かつ 冷静でない）
          ②の対偶
─────────→ 信頼されない ─────────→ 尊敬されない
  ①の対偶              ③の対偶
```

　というわけで、こちらの場合には与えられた前提を用いて「判断を誤る」から「尊敬されない」を導けることが分かる。
　さて、ここからが、答案である。これを明確に、分かりやすく、説明して

もらいたい。実のところ、こうしたパズルのような問題を解くこともトレーニングにはなるが、それ以上に、自分の分析結果を人に明確に、分かりやすく伝えることこそ、論理トレーニングなのである。(解答は128ページ。)

例題の解答

例題1 ③

例題2 (1) タラバガニはカニではない。
逆:カニではないならば、それはタラバガニである。
裏:タラバガニではないならば、それはカニである。
対偶:カニならば、それはタラバガニではない。
(2) 文法的にはまちがっているのに名文とされるような文章もある。条件構造をもたない。
(3) 彼女がぼくを嫌いならプレゼントは受け取ってもらえない。
逆:もしプレゼントを受け取ってもらえなければ、彼女はぼくを嫌いだということだ。
裏:彼女がぼくを嫌いでなければプレゼントを受け取ってもらえる。
対偶:もしプレゼントを受け取ってもらえるならば、彼女はぼくを嫌いではないということだ。

例題3 「その日は試験がない⟶太郎は勉強しない」。あるいは、「太郎が勉強する⟶その日は試験がある」。

例題4 (1)「自然科学は数学ではない」から「自然科学は総合的ではない」を導くのは、「数学は総合的である」の裏「数学ではないものは総合的ではない」を用いた誤り。
(2)「幾何学は総合的である」から「幾何学は数学である」を導くのは、「数学は総合的である」の逆「総合的なものは数学である」を用いた誤り。
(3) ○

例題5 推論を単純化して書けば、「ニンニクにはアリシンが含まれ、ア

リシンは胃を荒らす。焼いたニンニクにはアリシンは含まれない。だから、ニンニクを焼いて食べれば胃を荒らさない」となる。ここでは「アリシンが含まれなければ胃を荒らさない」と考えられている。しかし、これは「アリシンが含まれれば胃を荒らす」の裏を用いた誤りである。論理的には、焼いたニンニクにアリシン以外の胃を荒らす成分が含まれる可能性が残されている。

例題6 まず、③は「尊敬される人は信頼される」と言い換えることができることに注意しておく。

(1) ある人が尊敬される人であるとしよう。③から、尊敬される人は信頼される。①から、信頼される人は思いやりがあり、かつ、洞察力がすぐれている。②から、洞察力がすぐれている人は判断を誤らない。それゆえ、尊敬される人は、信頼され、思いやりがあり、洞察力がすぐれ、判断を誤らない。ここまでは言えるが、与えられた前提からはこれ以上新たな帰結を導くことはできない。したがって、「尊敬される人は冷静である」は与えられた前提からは正しく演繹されない。

(2) ある人が判断を誤るような人であるとしよう。②の対偶より、判断を誤る人は洞察力のすぐれた人ではなく、冷静でもない。①の対偶より、思いやりがないか、または、洞察力がすぐれていない人は、信頼されない。これをつなげると、判断を誤る人は信頼されないということになる。さらに、③より、信頼されない人は尊敬されないと言えるから、結論として、判断を誤る人は尊敬されないということが正しく演繹される。

練習問題 8

問 1　次のAと同じ意味になるものを ①–④ からすべて選べ。

　A　徒歩か自転車で来られる学生だけが大学に来ていた。

① 大学に来ていなかったのは徒歩でも自転車でも来られない学生だった。
② 徒歩でも自転車でも来られない学生は大学に来ていなかった。
③ 徒歩か自転車で来られる学生は全員大学に来ていた。
④ 大学に来ていたのは全員徒歩か自転車で来られる学生だった。

問 2　次の文のうち条件構造をもつものについて、逆、裏、対偶を作れ。
(1) ペンギンは飛べないが、泳げる。
(2) 老人が目の前に立ったにもかかわらず、太郎は席をゆずらなかった。
(3) 祝日は上海亭も来々軒も休みだ。

問 3　次の推論について、演繹として正しいものには○をつけ、誤っているものについてはそれがどうして誤りなのかを説明せよ。

(1) ロブスターには大きなハサミがあるがイセエビにはハサミはない。だから、大きなハサミがあるならば、それはイセエビではなく、ロブスターだ[89]。

(2) 正しい前提から正しい演繹によって導出されたならば、結論は正しいものとなる。ところが、この導出は正しい演繹ではない。だから、結論も誤っている。

(3) うぬぼれの強い人は他人を愛さないものだ。しかし、他人を愛する人だけが、他人から愛されるものだ。だから、他人から愛される人というのは、うぬぼれの強い人ではないということだ。

問 4 次の ①、② が言えているとする。
大学の講義がない日には、太郎は英会話教室に行く ……①
大学の講義がある日には、花子は講義に出て英会話教室も行く ……②

以上の前提から次が正しく演繹できるかどうかを説明せよ。
(1) 花子が英会話教室に行かない日には、太郎は英会話教室に行く。
(2) 花子と太郎がともに英会話教室に行く日はない。

問 5 次の ①-③ が言えているとする。
約束を守る人だけが誠実である ……①
有能な人は勤勉であり、かつ、誠実である ……②
わがままな人は約束を守らない ……③

以上の前提から次が正しく演繹できるかどうかを説明せよ。
(1) わがままな人は有能ではない。
(2) 誠実でない人はわがままである。

課題問題 8

問 6 次のAと同じ意味になるものを ①-④ からすべて選べ。

　A　太郎と次郎が子供部屋にいるときだけ、花子は居間にいる。

① 花子が居間にいるときは、太郎と次郎は子供部屋にいる。
② 太郎と次郎が子供部屋にいるときは、花子は居間にいる。
③ 花子が居間にいないときは、太郎か次郎のどちらかは子供部屋にいない。
④ 太郎か次郎のどちらかが子供部屋にいないときは、花子は居間にいない。

問 7 次の文のうち条件構造をもつものについて、逆、裏、対偶を作れ。
(1) すべての鳥が空を飛べるわけではない。
(2) 免許をもっていない者は車を運転することはできない。
(3) 花子が太郎に電話すると、太郎はいつもトイレか風呂に入っていた。

問8　次の推論について、演繹として正しいものには〇をつけ、誤っているものについてはそれがどうして誤りなのかを説明せよ。

(1) カフェインには眠気をとる作用がある。だが、たんぽぽコーヒーにはカフェインは含まれない。だから、たんぽぽコーヒーを飲んでも眠気はとれない。

(2) あるクラスの学生について調べたところ、倫理学をとっている学生は誰も論理学はとっていなかった。また、哲学をとっている学生は全員論理学をとっていた。このことから、倫理学をとっていない学生だけが哲学をとっていると結論できる。

(3) 太郎の昼食について次のことが分かっている。太郎は、昼食にあんかけチャーハンを食べるときには上海亭に行く。上海亭に行かないときには、コンビニの弁当を食べる。このことから、太郎が昼食にコンビニの弁当を食べた日には、太郎は昼食にあんかけチャーハンは食べていないと結論できる。

問9　次の①-④が言えているとする。
派閥を作らない人は、争いを好まないか、または、統率力がない ……①
統率力がある人は、争いを好み、かつ、人望がある ……②
統率力がある人だけが人望がある ……③
派閥を作る人は嫉妬深い ……④

以上の前提から次が正しく演繹できるかどうかを説明せよ。
(1) 嫉妬深くない人は争いを好まない。
(2) 人望がある人は嫉妬深い。

第9章

推論の技術

　この章では、条件構造に基づく単純な演繹に加えて、さらに三つの演繹的推論の技術を見よう。まず、存在文を含む推論、次に消去法、そして最後に背理法を、それぞれ練習する。日常的には、どれほど複雑な演繹的推論であっても、そのほとんどは、前章までに扱ってきたことと、本章で見るこれら三つの技術をマスターしていれば十分である。

9.1 存在文の扱い方

　「しかじかであるものが存在する」といった存在文は、演繹的推論において重要な役割をもつものであるが、条件構造をもってはいない。それゆえ、条件連鎖とは異なる分析の技術を必要とする。

　まず、例題を見てみよう。

例題1　次の推論が演繹として正しいことを説明せよ。
矛盾を好む論理学者はいない ……①
すべての哲学者が矛盾を好まないわけではない ……②
それゆえ
哲学者の中には論理学者ではない人がいる ……③

まず、与えられた文をしっかり見てとろう。

① は「……はいない」という形をしている。これは存在文の否定であるから、全称文の形でとらえることができる。そこで、その条件構造が見てとりやすい形に書き直しておく。

② は、「すべての哲学者は矛盾を好む」のような全称文と区別しなければならない。これは「すべての……が……わけではない」という形であり、全称文の否定であるから、存在文の形でとらえることができる。そこで、はっきり存在文と分かる形に書き直しておく。

そこで、与えられた推論は次のように書き直すことができる。

　　すべての論理学者は矛盾を好まない ……①'
　　矛盾を好む哲学者がいる ……②'
　　それゆえ
　　哲学者の中には論理学者ではない人がいる ……③

②'で存在が主張されている人は、「矛盾を好み、かつ、哲学者である」人である。ここで、①'の対偶より、矛盾を好むような人は論理学者ではない。それゆえ、「矛盾を好み、かつ、哲学者である」人は「論理学者ではなく、かつ、哲学者である」人である。これは③に等しい。(解答は140ページ。)

より一般的に押えておこう。

「aであるようなbが存在する」とか「aの中にbであるようなものが存在する」といった存在文は、あるものが存在し、そのものは「aであり、かつ、bである」ということを述べている。そこで、他の条件を用いて、「aかつb」であることの帰結を調べてみるのである。もし「aかつb」から何かcが帰結するのであれば、存在するとされているそのものは、aとbに加え、さらにcでもあることになる。

　存在文「aであるようなbが存在する」の扱い方：
　　存在するとされているものは、「aかつb」である。
　　そこで、「aかつb」であることの帰結を調べる。

ここで、ひとつまちがえやすいポイントがある。「a でないような b が存在する」と「a ⟶ c」から「c でないような b が存在する」を導いてしまうのである。例を挙げてみよう。

例1　教えるのが上手ではない大学教師がいる ……①
　　　　教えるのが上手な人は努力している ……②
　　　　それゆえ
　　　　努力していない大学教師がいる ……③

少なくとも一人はいると主張されている教えるのが上手ではない大学教師を、仮にノヤと呼ぼう。そこから、「ノヤは努力していない」と結論できるだろうか。断じてできない。② は「教えるのが上手 ⟶ 努力している」という条件構造をもつが、ここから「教えるのが上手ではない ⟶ 努力していない」は演繹されないのである。ノヤは努力しているにもかかわらず、教えるのが上手ではないかもしれない。つまり、例1 は演繹において裏を用いてしまった誤りにほかならない。

またもう一点、次のような推論の誤りにも注意しなければならない。

例2　世の中には退屈な本がある ……①
　　　　世の中には無益な本がある ……②
　　　　それゆえ
　　　　世の中には退屈でしかも無益な本がある ……③

① で言われている本と ② で言われている本が同じ本である保証はどこにもない。それゆえ、① と ② から ③ は導かれてはこない。

9.2　消去法

「A または B」という選択肢が与えられていて、さらに「A ではない」ということが分かったならば、そこから B を結論することができる。（もちろん、「B ではない」と分かったならば、A が結論できる。）あるいは、「A ま

たはBまたはC」のように複数の選択肢が与えられている場合には、たとえば「AでもBでもない」と分かったならば、そこからCと結論することができる。これが「消去法」である。

```
            消去法
   AまたはB        AまたはB
   Aではない        Bではない
   それゆえ         それゆえ
   B              A
```

消去法を用いる推論の問題をやってみよう。

> **例題2** 次の推論が演繹として正しいことを説明せよ。
> 安くておいしい店なら不満はない ……①
> 店に不満がないならまた行く気になる ……②
> それゆえ
> 安いが二度と行く気にならない店はおいしくない ……③

　この推論の結論は条件構造をもつ主張である。このように、「A ⟶ B」という構造の結論を導く場合には、**まずAを仮定して、そのもとでBが導かれることを確認する**、というやり方が基本である。
　そこで、ある店が、安いのだが二度と行く気にならないような店であったと仮定してみよう。そして、①と②を使ってその店がさらにどんな店であるかを調べるのである。
　まず②の対偶より、二度と行く気にならないのであれば、その店には不満がある。そこで①の対偶を使えば、不満があるならば、その店は安くないかおいしくないかどちらかである。ところが、この二つの可能性の内、「安くない」方は仮定により消去される。そこで、「おいしくない」が結論

される。この最後のステップが消去法である。（解答は 140 ページ。）

ここで、次のような推論の誤りに注意しなければならない。

例 3 全員出席ならばこの会議は今日開かれ、全員欠席ならば延期される
それゆえ
この会議が今日開かれない場合、この会議は延期される

消去法を用いるにあたってもっとも注意すべき点は、選言が網羅的かどうかということである。たとえば、「彼女はぼくのことを好きではない」から「彼女はぼくのことを嫌いだ」を結論するのは、「好きか嫌いか」という選言が網羅的ではないかもしれず、短絡的な推論となっている。「好きではない」から「嫌いだ」を結論するためには、たとえば「彼女はきっぱりした性格だから好きか嫌いしかない」といった主張がさらに付加されなければならない。それゆえ、「A または B」が暗黙の前提とされ、「A ではない」ことから B を結論する場合には、「A または B」が網羅的であることが確認されていなければならない。

例 3 の推論は、「全員出席か、または全員欠席」という選言を暗黙の前提にしてしまっている。だが、この選言は網羅的ではなく、出席者もいれば欠席者もいるという第三の選択肢を無視している。それゆえ、これは誤った推論となっている。

では、存在文を含む推論と消去法を組み合わせた問題をやってみよう。

例題 3 次の推論が演繹として正しいことを説明せよ。
あるクラスの児童について調査したところ、次の ① - ③ が分かった。
社会が好きな児童は算数か理科が好きではなかった ……①
理科が好きではない児童は国語が好きだった ……②
社会が好きなら国語も好きとはかぎらなかった ……③
それゆえ
国語も算数も好きではないという児童がいる ……④

まず前提から存在文を探そう。見ていくと、③が全称文の否定であるから、存在文の内容をもっている。これを存在文の形に言い換えておく。

　　　　社会が好きで国語が好きではない児童がいる ……③'

そこで、この児童がさらにどのような児童なのかを、①と②を用いて調べるのである。結論となる④を見ると、③'で言われている児童について、さらに算数が好きではないことが言えればよいと分かる。

③'で言われている児童は、(a)社会が好きで、かつ、(b)国語が好きではない。そこで、ここから、①と②を用いて帰結を調べてみよう。

まず、(a)社会が好きということから、①を用いて、そのような児童は算数か理科が好きではない。

次に、(b)国語が好きではないということから、②の対偶を用いれば、そのような児童は理科が好きであると言える。

それゆえ、「算数か理科が好きではない」けれども「理科は好きである」ということになり、理科が好きではないという選択肢は消去され、この児童は算数が好きではないと結論できる。（解答は141ページ。）

9.3　背理法

ある主張Aを仮定し、その仮定のもとで演繹を進めると矛盾が生じることを示す。そして、そのことから仮定Aの否定を結論する。これが「背理法」（あるいは「帰謬法」とも呼ばれる）である。背理法はとくに論理学や数学の証明において、しばしば強力な武器となる。

```
背理法

Aを仮定
  ⋮
 矛盾
―――――――
Aの否定を結論する
```

9.3 背理法

　日常的には、たとえば「君の言う通りだとすると、これこれのおかしいことが帰結する。だから、君の言っていることには誤りがある」といった論法が背理法的議論と言える。あるいは、価値評価のところで見た、「コメを自由化するとこれこれの不都合が生じる。それゆえコメを自由化すべきではない」といった論法も、一種の背理法的議論と言えるだろう。しかし、厳密な背理法の演繹は日常的にはあまり現われない。ここでは、多少パズル的な問題を通して、背理法の練習をしてみることにしよう。

　例題4　5人の容疑者に関して、次の①-④が知られている。そのとき、関口と中禅寺の共犯がありえないことを背理法を用いて説明せよ。
　中禅寺と榎木津が共犯ならば、関口は犯人ではない ……①
　中禅寺と木場が共犯ならば、関口は犯人ではない ……②
　榎木津も鳥口も犯人ではないならば、中禅寺も犯人ではない ……③
　鳥口が犯人ならば、木場も犯人だ ……④

　背理法を用いるのだから、まず関口と中禅寺が共犯であると仮定する。実際、このように仮定することによってずっと問題が考えやすくなることを実感してほしい。
　この仮定から矛盾を導くにはいくつかのやり方があるが、ここではひとつの考え方を示そう。
　仮定より、関口と中禅寺が共犯。つまり、関口は犯人であり、かつ、中禅寺も犯人。そこで、①-④を見て、その対偶も考慮に入れつつ、まず関口が犯人であることから何か帰結が導けないか調べてみる。同様に、中禅寺が犯人であることからも何か帰結が導けないか調べてみる。
　すると、①の対偶「関口が犯人ならば、中善寺と榎木津の少なくともどちらかは犯人ではない」と②の対偶「関口が犯人ならば、中善寺と木場の少なくともどちらかは犯人ではない」が、それぞれ関口が犯人であることから帰結を導くものであり、③の対偶「中善寺が犯人ならば、榎木津か鳥口の少なくともどちらかは犯人」が、中禅寺が犯人であることから帰結を導くものとなっている。そこで、それぞれその帰結を導いてみる。

まず、① の対偶と中善寺が犯人だという仮定から、消去法を用いると、榎木津は犯人ではないと言える。

同様に、② の対偶と中善寺が犯人だという仮定から、消去法を用いると、木場は犯人ではないと言える。

次に、③ の対偶といま得られた榎木津は犯人ではないという結果から、消去法を用いると、鳥口が犯人であると言える。

以上の結果をまとめてみよう。

(a) 関口は犯人。(仮定)
(b) 中禅寺は犯人。(仮定)
(c) 榎木津は犯人ではない。
(d) 木場は犯人ではない。
(e) 鳥口は犯人。

まだ条件 ④ が使われていないので、これら(a)–(e)と ④ をあわせて見てみるならば、矛盾は簡単に見出せるだろう。そして、関口と中禅寺が共犯であると仮定して矛盾が出たのだから、仮定は否定され、関口と中禅寺がともに犯人ということはないと結論できる。(解答は141ページ。)

例題の解答

例題 1

① は「すべての論理学者は矛盾を好まない」(①') に等しい。

② は「矛盾を好む哲学者がいる」(②') に等しい。

①' の対偶より、矛盾を好むならば、論理学者ではない。このことと、②' より、「論理学者ではない哲学者がいる」が結論できる。

例題 2

ある店が、安いのだが二度と行く気にならない店であると仮定する。

② の対偶より、二度と行く気にならないならば、その店に不満がある。

さらに ① の対偶より、不満があるならば、「その店は安くないか、または、おいしくない」。しかし仮定より、それは安い店であるから、消去法で、その店はおいしくないと結論できる。それゆえ、「安いが二度と行く気にならない店はおいしくない」と結論できる。

例題3

③は「社会が好きで国語が好きではない児童がいる」（③'）に等しい。

①より、社会が好きならば、「算数が好きではないか、または、理科が好きではない」。

②の対偶より、国語が好きではないならば、理科が好き。

それゆえ、③'で言われている児童は、「算数が好きではないか、または、理科が好きではない」、かつ、理科が好きであるから、消去法で、算数が好きではないと言える。つまり、③'で言われている児童は国語も算数も好きではない。したがって、「国語も算数も好きではないという児童がいる」が結論できる。

例題4

関口と中禅寺が共犯だと仮定する。

関口が犯人だということから、①の対偶を用いて、中禅寺か榎木津のどちらかは犯人ではないと言える。しかし、中禅寺は犯人だと仮定しているから、榎木津が犯人ではない。（⑤）

同様に、関口が犯人だということから、②の対偶を用いて、中善寺か木場のどちらかは犯人ではない。しかし、中禅寺は犯人だと仮定しているから、木場が犯人ではない。（⑥）

中禅寺が犯人だということから、③の対偶を用いて、榎木津か鳥口のどちらかは犯人。しかし、⑤より榎木津は犯人ではないので、鳥口が犯人。（⑦）

⑦と④より、木場は犯人。しかし、⑥によれば、木場は犯人ではない。矛盾。したがって、仮定は否定され、関口と中禅寺が共犯ということはありえないと結論できる。

練習問題9

問1 次の①−③が言えているとする。
自分に満足していない人だけが他人を妬む ……①
不幸な境遇にあっても他人を妬まない人がいる ……②
不幸な境遇ではないのに他人を妬む人がいる ……③

以上の前提から次が正しく演繹できるかどうかを説明せよ。
(1) 不幸な境遇にあっても自分に満足している人がいる。
(2) 不幸な境遇ではないのに自分に満足していない人がいる。

問2 次の推論が演繹として正しいことを説明せよ。
動物も植物も好きな人は自然を愛する人だ ……①
都会の喧噪を好む人は自然を愛する人ではない ……②
それゆえ
都会の喧噪を好み、かつ動物好きな人は、植物を好きではない ……③

問3 ある惑星の生物について、次の①−③の報告があった。
赤い目をした生物も青い目をした生物も大きな目をしていた ……①
大きな目と大きな耳をもつ生物はどれも長い手足をもっていた ……②
大きな耳の生物のすべてが長い手足というわけではなかった ……③

以上の報告から次が正しく演繹できるかどうかを説明せよ。
(1) 手足の長くない生物はどれも目が赤くはなかった。
(2) 大きな耳をもつ生物の中には目が赤くも青くもないものがいた。

問4 次の推論が演繹として誤りであることを説明せよ。
　哲学者ときたら、そろいもそろって非現実的な連中だ。しかし、論理学者の中には哲学者でない者もいる。だから、論理学者の中には現実的な人間もいるはずだ。

問5　帽子屋、三月ウサギ、眠りネズミと呼ばれる三人がいて、帽子屋と三月ウサギから次のような発言があった。帽子屋が嘘をついていることを背理法を用いて説明せよ。ただし、「嘘をつく」とは騙そうとしてわざとまちがったことを言うことであるとする[91]。

　帽子屋「三月ウサギと眠りネズミは嘘ばかりついている。」
　三月ウサギ「うん。眠りネズミは嘘ばかりだ。」

問6　4人の容疑者に関して、次の①-④が知られている。そのとき、関口が犯人であることを背理法を用いて説明せよ。

　中禅寺が嘘をついていないのならば、犯人は関口か木場だ ……①
　中禅寺が嘘をついているならば、犯人は中禅寺だ ……②
　中禅寺か榎木津が犯人ならば、関口も犯人だ ……③
　関口が犯人ではなく、木場が犯人ならば、榎木津も犯人だ ……④

課題問題9

問7　次の①-③が言えているとする。
あるクラスの児童について調査したところ、次が分かった。
社会が好きではない児童だけが理科を好きだった ……①
国語は好きだが社会は好きではない児童は算数が好きだった ……②
理科が好きな児童のすべてが算数を好きというわけではなかった ……③

以上の前提から次が正しく演繹できるかどうかを説明せよ。
　(1) 理科は好きだが国語は好きではない児童がいる。
　(2) 社会も算数も好きではない児童は理科が好きで国語は好きではない。

問8　次の推論が演繹として正しいことを説明せよ。
哲学者か論理学者ならば理屈っぽい ……①
理屈っぽくて議論好きだと人に好かれない ……②
大学の教師は議論好きだ ……③
　それゆえ
大学の教師で人に好かれる人物は哲学者ではない……④

問9 次の推論が演繹として誤りであることを説明せよ。
「英語の教師のすべてが英会話が得意なわけじゃない。」
「だいたい、内気な人は英会話が得意じゃないよね。」
「ということは、英語の教師の中には内気な人がいるってことか。」

問10 次の推論が演繹として誤りであることを説明せよ。ただし、「嘘をつく」とは騙そうとしてわざとまちがったことを言うことであるとする。

　　帽子屋、三月ウサギ、眠りネズミと呼ばれる三人がいて、帽子屋と三月ウサギから次のような発言があった。
　　帽子屋「三月ウサギと眠りネズミの少なくともどちらか一方は、けっして嘘をつかない。」
　　三月ウサギ「いやあ、眠りネズミは嘘ばかりさ。」
　　このことから、帽子屋は嘘をついていないということが結論できる。
　　帽子屋が嘘をついていると仮定しよう。そのとき、三月ウサギと眠りネズミは両方とも嘘ばかりついていることになる。それゆえ三月ウサギの発言は嘘。ということは、眠りネズミは嘘ばかりついているわけではない。矛盾。したがって、帽子屋は嘘をついていない。

問11 近所に3軒の中華料理店があり、開店日の状況は次のようである。このとき、上海亭は毎日開店していることを、背理法を用いて説明せよ。
　他の2店がともに開店の日は上海亭も開店している ……①
　上海亭が休みか来々軒が開店の日は、喜楽は開店している ……②
　他の2店のどちらかが休みの日は、来々軒は開店している ……③

Ⅳ　議論を作る

　第Ⅰ部では接続関係に注目しつつ議論の流れをつかむ練習を行ない、第Ⅱ部では根拠と主張のさまざまな関係を整理しつつ論証の構造をとらえる練習を行ない、そして第Ⅲ部では演繹の技術を正確に使いこなす練習を行なってきた。ここまでで一応基本的なトレーニングは終了する。そしてここからは、自分で議論を作っていくという、いままで以上に終わりのないトレーニングに進まねばならない。

　議論を作る練習は、文章と口頭の二つの形で行なえる。文章の場合には論文であり、口頭の場合には討論となる。

　論文を作成することは、いわゆる作文と区別される。言うまでもないことだが、われわれがここで行なうのは文学的訓練ではない。文学的表現の場合には、あいまいさや飛躍も重要な技術となる。さらには、書いた本人が自分の言いたいことを明確に把握していない場合もあり、それがむしろ表現の深みとなることもある。だが、論文の場合にはあいまいさや飛躍は許されず、自分の言いたいことが分かっていないなどは論外である。論文は散策のようなものではなく、明確な目的地をもったものでなければならない。いまだその目的地に到達していない読者をそこに誘うこと。よそに行こうとする読者をそちらではないと説得し、こちらに行くべきだと納得させ、ともに連れ立ってそこへと向かう。論文はこの目的のためにすべての叙述が有機化されていなければならない。ある主題に関して自分の思うことを独り言のように書き連ねるのは、論文ではない。

　この点に関して、論文は討論と違いはない。討論が独り言ではないのはあ

まりにも明らかである。どのような相手と討論しているのか、その相手に何を訴えたいのか、そのことがあいまいのままでは討論はいたずらに空転する。相手を想定しない議論はありえない。その意味で、すべての議論はいわば「対人論法」だと言うこともできるだろう。

　論文や討論が緊密に有機化されたものであるためには、実際の執筆ないし発言に先立って準備し、計画を立てる必要が生じる。明晰でなめらかな表現として実現する前に、論点を吟味し、構造を組み立てなければならない。われわれがまずめざすのは、こうしてしっかりした設計図を描くことである。それを実現するさいの表現の巧拙はそのあとの問題であり、本書がトレーニングの対象とするものではない。たとえ表現はなお稚拙であっても、骨太な議論を構築することをめざしてほしい。この訓練をなおざりにし、妙に文章や弁舌のみが巧みになってしまうと、かえってとりかえしのつかないことになる。

第10章

批判への視点

　議論を作るには、批判へのまなざしがなければならない。そしてそれは二方向へのまなざしでなければならない。すなわち、相手への批判的まなざしと、そしてもうひとつは自分自身への批判的まなざしである。

　そもそも、何もないところに自分の意見や議論が単独で湧いてくるものではない。なぜ意見を主張し、議論を作るのか。それは多くの場合、自分と異なる他の考えに満足しないからである。それゆえ、自らの議論を生み出すことには、多かれ少なかれ他の意見に対する批判が含まれることになる。

　さらに、自分の議論を組み立てるときにも、自分自身に対して批判のまなざしをもたなければならない。自分の議論を第三者的にみつめ、批判し、それに答えるようにして議論を組み立てていかねばならないのである。

　本章では、これまでに検討してきたことを踏まえつつ、とくに批判的観点から議論を組み立てることをトレーニングする。

10.1　質問への視点

　理解できない議論に対しては質問しなければならない。あまりにも当然のことだが、その重要性はどれほど強調してもしすぎることはない。友人との会話においても、講義においても、分からないことは質問しなければならない。とはいえ、この点に関して本書がアドバイスできることはほとんどない。ただ、恥ずかしがらぬこと、臆さぬこと、そして場数を踏むこと——。

これに対して、質問にはもうひとつの働きがある。相手の議論の弱さを露呈させるための問いかけ、つまり、すでに批判へと半歩踏み出した質問である。ここではむしろそのタイプの質問の仕方を練習してみよう。とくに、批判することに慣れていない人、あるいは批判することに気後れを感じてしまう人は、まず質問を試みることから入っていくのがよい。的確な質問をすることは、けっして易しいことではなく、練習が必要な技術であるが、いきなり批判を試みるよりはハードルが低いだろう。

質問は、大別して、「**意味の問い**」と「**論証の問い**」に分けられる[92]。

意味の問いは、もちろん、分かりにくい表現の意味を問うものであるが、たんに辞書を引く手間を省くだけのような質問はここで取り上げたいものではない。むしろ辞書的には難解さのない何気ない言葉が、不用意にあいまいなままに用いられている場合の方が問題である。たとえば、「ものの本質は心の目によってしかとらえられない」のように言われたとしよう。「本質」という語はそれほど何気ない言葉ではないが、何気なく使われてしまう危険な語である。そこで、「ものの本質」とはどういう意味なのか、と質問する。あるいはまた、「心の目」とは何のことかと問うてもよい。こういう雰囲気だけで成り立っているような具体性の欠如した表現に対しては、具体例を求めることもポイントになる。「具体的にはどういうことか」と単純に質問してもよいし、少しいじわるに、「たとえばキャベツの本質を心の目でとらえるというのはどういうことなのか」のように質問してもよい。

論証の問いは、根拠と導出の構造に関わる問いである。それゆえ、それは根拠となる主張そのものの正当性に対する問いと、根拠から結論への導出に関わる問いに分かれる。

まず、ある主張が何の根拠もなく独断的に述べられるとき、その根拠をさらに問うことができる。とくにそれが事実に関わる主張であるならば、その情報源を問うことがポイントになる。「そのことを何に基づいて知ったのか」と質問するわけである。

導出に飛躍があるときには、その部分を質問する。ときに、逆や裏を用いた推論をしているのに、いかにも演繹的な正しさをもっているかのような論じられ方をしているものが見られるが、そうした場合に、その飛躍を埋めるよう説明を求める。あるいは、仮説形成において有力な他の仮説が見落とさ

れている場合には、その仮説を示し、その仮説はどうして成立しないと考えるのかを説明してもらう。同様に、価値評価において考慮すべき対立評価が無視されている場合には、それを指摘し、意見を求めることができる。

例題を通して検討してみよう。

例題1 次の議論に対して、批判につながるような効果的な質問をいくつか提出してみよ。

日本文化は日本人にしか理解できないなどという意見は、われわれ日本人には外国文化が理解できないというに等しい愚劣な意見である。なるほど、日本文化は他に類例をみない特殊な文化であろう。しかし、特殊を前提にしなければ普遍性はありえないのである。(93)

もう一度チェックポイントをまとめておこう。

---

(1) 意味の問い　(a) あいまいさはないか。
　　　　　　　　(b) 具体性に欠けるところはないか。
(2) 論証の問い　(a) 独断的なところはないか。
　　　　　　　　(b) 飛躍はないか。

この4点を念頭におきながら、もう一度問題文を読んでいただきたい。

まず、「あいまいさ」という観点から見てみよう。

最初に目につくのは、「特殊」や「普遍性」という語だろう。ある文化が特殊であるとか普遍的であるといったことで、いったい何を意味しているのか、これは批判に通じるポイントをもつ質問である。

さらに、いっそう何気ない言葉にも目をとめるべきである。「理解する」という言葉が使われている。この語自体が分からないという人はいないだろう。しかし、「文化を理解する」とはどういうことなのか。この概念規定の甘さは議論そのものの甘さにつながるものである。もうひとつ、「前提にす

る」という語が用いられている。これも辞書的にはまったくふつうの語である。しかし、「普遍性は特殊を前提にする」と言われたとたん、よく分からないものとなる。いったい、普遍性は特殊を「前提にする」とはどういう意味なのか。これはもちろん、「特殊」や「普遍性」といった語の意味への問いとも結びついている。

また、こうしたあいまいさは、具体性の欠如としてもとらえられる。そこで、いまの意味の問いにおいて、「具体的にはどういうことなのか」という質問を付け加えておくべきだろう。「文化を理解するとはどういうことなのか。具体的に説明してほしい」。あるいは、「たとえば「茶道を理解する」とはどういうことなのか。それはたんにお茶事を楽しめるといった程度ではだめなのか」のように問うてもよい。

論証の問いに関して、独断性という観点から見てみよう。

「特殊を前提にしなければ普遍性はありえない」と言われている。しかし、これは独断的である。そこで、なぜそのようなことが言えると考えるのか、その根拠を問うことができる。

飛躍はないだろうか。

「特殊を前提にしなければ普遍性はありえない、それゆえ、日本文化は外国人にも理解可能だ」と議論されている。しかしここには飛躍がある。というのも、「特殊を前提にしなければ普遍性はありえない」ことは、けっして「特殊性は必ずそこから普遍性へと至る」ことを意味してはいないからである。ここでは、「裏」を用いた推論が為されてしまっている[94]。それゆえ、かりに特殊を前提にしなければ普遍性はありえないとしても、日本文化の特殊性は普遍性へと至らないかもしれない。その点をどう考えるのか、補足してもらわねばならない。

以上のような観点から解答例を示しておくが、他にもできるかぎりさまざまな質問を考えてみてほしい。(解答は155-156ページ。)

さて、議論の場では、こうした質問に対して応答が為され、場合によっては、その応答に対してさらに質問を続けることになる。しかし実際には、応答がわざとはぐらかされたり、無自覚のうちに的はずれになったりして、しばしば議論が脱線することにもなりがちである。いまの例題の問題文に対する質問に関して、ひとつ問題を出してみよう。

問題 例題1の議論の後、次のような質疑応答が為された。この応答が質問に適切に答えたものになっていない点を指摘せよ。

　質問──「特殊を前提にしなければ普遍性はありえない」と言われているが、そう考える根拠は何だろうか。

　応答──普遍性は個々の特殊な事例から抽象されるものだからだ。たとえば、何匹もの猫を見ることによって、一般的な猫の理解を得る。つまり、帰納と呼ばれる推論によるわけである。

　一見まともな質疑応答だが、実はやりとりがずれてしまっている。

　第一に、帰納の場合の「特殊から一般へ」における「特殊」はたんに「個別の」という意味であるが、もとの議論における「特殊」は日本文化のもつ「独自性」という意味である。それゆえ、「特殊」の意味がずれてしまっている。

　第二に、論者がもともと言いたかったことは、「日本文化は独特だが、しかし外国人にも理解できる」ということだったはずである。それゆえ、この議論における「普遍性」の意味は、「外国人にも理解可能」ということだと思われる。だとすれば、これは「事例の独自性」と「一般的な理解可能性」の関係であって、個別の猫と猫一般の関係といった帰納の話とは別問題と考えられるのである。

　このように、議論全体から一部を抜き出して質問すると、その部分だけに注目して質疑応答が進んでしまうこともしばしば見られる。そうしてときにもとの議論とは無縁な議論へと展開していってしまいかねない。そのため、質疑応答においては、つねにもとの議論全体を視野にいれ、たえずそこに戻りながらやりとりしていかねばならない。「ソッポを向いてはならない」、これが鉄則である。

10.2　異論と批判

　次に、質問からさらに進んで批判について見ていこう。

　まず最初に、「反論」ということの内に二つの側面があることを指摘しておきたい。たとえば、例題1のような主張に対して次のように反論したとする。──「特殊を前提にしなければ普遍性はありえない」という主張は独断

的であり、しかも、そのことを認めたとしても、そこから「外国人にも日本文化が理解できる」ことは導かれない。——ところがこのように反論すると、しばしば、「では君は外国人には日本文化は理解できないというのか」という反応がかえってくる。だが、必ずしもそう主張しているわけではない。論証が不適切だと主張することと、その結論に反対することは別である。ここでわれわれは、「批判」することと「異論」を唱えることを区別しなければならない。

「**異論**」とは、ある主張と対立するような別の主張を提示し、それに対して論証を与えることである。それゆえ、ある主張とそれに対する論証とを合わせて「**立論**」と呼ぶことにするならば、立論Aとそれに対する異論Bは同等のものとなる。すなわち、BがAに対する異論であるならば、逆にAはBに対する異論となっている。

それに対して、ある立論の論証の部分だけを否定する場合には、必ずしも「異論」を唱えているわけではない。そこで、これを「異論」と区別した意味で「**批判**」と呼ぼう。「批判」は、あくまでも論証部に対する否定を意味するものであり、その結論に対する否定までは意味しない。それゆえ、同じ主張を信じている者が、相手の主張を否定することなく、それに対する論証に対してのみ批判することが可能となる。つまり、批判とは必ずしも相手と対立することではない。同じ結論をめざす者たちが、最善の論証を求めて互いに批判しあう、これが批判のひとつの形にほかならない。たとえ言えば、ある山に登るか登らないかで対立するのが異論のレベルであり、その山に登るとしたらどのルートが最適かを検討するのが、批判のレベルである。そのとき、批判とは、対立ではなくむしろ共同作業となるだろう。このような「共同作業としての批判」という考え方は、しばしばわれわれに欠けているものであるから、とくに強調しておかねばならない。

立論…… あることを主張し、それに対して論証を与えること。
異論…… 相手の主張と対立するような主張を立論すること。
批判…… 相手の立論の論証部に対して反論すること。対立する主張までは出していない。

たとえば例題1の立論に対して異論を述べるということは、「外国人には日本文化は理解できない」という対立する主張を提出し、その論証を与えることである。それに対して、批判するということは、外国人に日本文化が理解できるかどうかはとりあえず措いておき、与えられた立論の論証に説得力がないと反論することにほかならない。先ほどの山登りの例を使うならば、その山に登るなと言うのではなく、その山に登るとしても、そのルートでアプローチするのは無理だと指摘するのである。

自分と同意見の相手を批判することは、日常のやりとりにおいてはあまり見られないことであり、また、批判していながらなおかつ同意見であるというのが、何か一貫しない態度のようにとられてしまうことさえある。しかし、論証が重要となる議論の場であればあるほど、論証に対する批判もまた重要となる。たんに異なる主張の言い合いに終わらないためにも、われわれは批判を行ない、そして提起された批判を誠実に受けとめねばならない。

例題をやってみよう。たんなる異論と批判とを区別した上で、考えてみてほしい。

例題2 批判Bが立論Aの論証に対する批判として不適切である点を指摘せよ。

立論A 「鯨は知能も高く、それゆえとくに保護に値する動物である。早いうちから保護政策をとらねば絶滅の危機をまねくおそれがある。それゆえ、商業捕鯨は全面的に禁止すべきである。」

批判B 「1972年の国連人間環境会議でアメリカが捕鯨禁止を出してきた背景には、当時のベトナム戦争に対する非難から世論の目をそらすという目的があった。反捕鯨運動といっても、そもそもがその程度のものにすぎない。むしろ、捕鯨は捕鯨国にとって文化・伝統に属することなのであるから、禁止すべきではない。」

立論Aの論証に対して批判するならば、「知能が高いゆえにとくに保護に値する」と言えるかどうか、あるいは、保護政策をとるとして、それは「商業捕鯨の全面的禁止」を必要とするものなのかどうか、といった点を問題に

しなければならない。しかし批判Bはそうしたことをまったく問題にしていない。つまり、ソッポを向いている。しかもそのソッポの向き方が問題である。一般に、発言の動機を糾弾することと、発言の内容に反対することとは別である。不純な動機のもとに、よいことを言っている場合もあるだろう[95]。

また、批判Bは捕鯨は禁止すべきではないという自分自身の立論を示しているが、これは相手の論証に対する「批判」ではなく、対立する主張を自分なりに論証する「異論」である。

解答は、以上のような点をまとめ、とくに、批判すべきなのに触れられていない点は何かをきちんと指摘して、作成してほしい。(解答は156ページ。)

こうした立論-批判-異論といった議論のやりとりは、ディベートという形でも練習できる[96]。もちろん授業でディベートを試みてもよいが、ここではいわば簡単な紙上ディベートのような形で練習してみよう。

例題3 「死刑は廃止すべきか」という問題に対して、立論-批判-異論を組み立てよ。

二通りのタイプの解答が可能である。ひとつは、「廃止すべき」と立論し、その立論を批判した上で、「廃止すべきでない」と異論を唱えるもの。もうひとつは、「廃止すべきでない」と立論し、その立論を批判した上で、「廃止すべき」と異論を唱えるものである。

注意する点は二点ある。第一に、立論では必ず根拠を示すこと。第二に、批判では立論の論証に対して検討を行なうこと。

「廃止すべきではない」という主張の根拠としては、たとえば、「死刑には凶悪犯罪を防ぐ効果がある」というものがある。これを示せば、立論になる。そしてそれに対して、本当に死刑には凶悪犯罪を防ぐ効果があるのかどうか、それは死刑を廃止すべきでないとするほど大きな効果なのか、といったことを検討するのが、批判である。凶悪犯罪を抑止する効果を100パーセント認め、そのかぎりで相手の論証の正しさを認めた上で、しかし別の否定

的な側面もあると指摘するのは、異論であり、批判ではない。

　他方、「廃止すべき」という主張の根拠としては、たとえば、「死刑にしたならば誤審の場合に取り返しがつかない」といったものがある。これに対しては、誤りの可能性はどんな制度にもつきものなのだから、誤りうるということを根拠に死刑制度の廃止を主張することはできない、といった批判が可能だろう。

　解答はどちらかのタイプだけでよい。また、いくつもある論点をすべて扱う必要もない。立論では一つの根拠だけに限定し、それを批判して、やはり一つの根拠だけを挙げる単純な異論を提示するという形でよい。死刑の廃止の是非を実際に検討するというのが問題の趣旨ではなく、立論・批判・異論の形をしっかりとらえるというのが、問題の趣旨であるから、議論の応酬は可能なかぎりシンプルなものでかまわない。（解答は 156–157 ページ。）

　それゆえ、問題の解答に示されるのは、実際のやりとりからはずいぶんかけ離れた模式的なものであると言える。実際の討論や論文では、もっとさまざまな論点を検討し、個々の議論についてさらに肉付けし、根拠についても必要ならば関連する資料を示さねばならない。しかし、それでも、この問題で練習するような立論・批判・異論の基本的骨格に変わりはない。

例題の解答例

　例題1　① 「日本文化を理解する」とはどういうことであると考えているのか。できれば具体的に説明してほしい。
　② 「特殊を前提にしなければ普遍性はありえない」とはどういう意味か。とくにこの場面で、「特殊」とはどのようなことを意味し、「普遍性」とはどのようなことを意味するのか。また、ここにおける「前提にする」ということの意味もはっきりしない。できるだけ具体的に説明してほしい。
　③ 「特殊を前提にしなければ普遍性はありえない」という主張を「日本文化が広く外国にも理解されうるためには、むしろ日本文化の特殊性が前提になる」という意味に理解したとして、どうしてそのようなことが言えるのか、論拠を説明してほしい。
　④ 「特殊を前提にしなければ普遍性はありえない」は、その裏である「特殊を前提にすれば普遍性が必ず得られる」を含意するものではない。そ

れゆえ、このことがどのようにして「日本文化は外国人にも理解可能だ」という主張と関連するのかがはっきりしない。補足してほしい。

例題２　批判Ｂは反捕鯨運動の最初の動機が不純であると指摘するが、たとえそうだとしても、それが理由で立論Ａの論証としての正しさが損ねられるわけではない。しかもＢはＡの論証の内容には触れておらず、「知能の高さは保護に値するということの根拠になりうるのか」という点や、あるいは「保護政策をとる必要があるとして、それは商業捕鯨の全面的禁止を要求するほどのものなのか」といった点をまったく論じていないので、相手の論証に対する批判を述べたものとはなっていない。また、「捕鯨は文化・伝統に属するので禁止すべきではない」はＡの論証に対する批判ではなく、異論を唱えたものである。

例題３
解答例Ａ
　立論　「死刑は廃止すべきではない。なぜなら、死刑があることによって凶悪な犯罪がある程度防げているからだ。もし人を殺しても死刑にならないというのであれば、殺人事件がさらに増加するに違いない。」
　批判　「死刑に犯罪抑止力があるというのは認めてもよいかもしれないが、それは過大評価されるべきではないだろう。実際、死刑があるから犯行を思いとどまるというのは、それほど多くないのではないか。」
　異論　「むしろ、死刑もまた人を殺すことだという事実の方を重くみるべきではないだろうか。殺人が許されないからそれを罰するというのであれば、その罰は殺人であってはならないだろう。それゆえ、死刑は廃止すべきだと思う。」
解答例Ｂ
　立論　「死刑は廃止すべきだ。なぜなら、われわれには誤審の可能性があるからだ。死刑にしてしまったのでは、誤審は取り返しがつかない。だが、無期懲役ならば、まだ過ちを改めることができる。」
　批判　「いや、誤審の可能性はないわけではないとしても、きわめて低い、あるいは低くあらねばならないものだ。確率の低い過ちの可能性を恐れていては何もできなくなってしまう。むしろわれわれは過ちの可能性を減少

させるよう努力しつつ、よりよい制度の在り方を考えるべきだ。」

　異論　「その点で、死刑はあった方がよいと思う。もちろん、軽々しく死刑に処すべきではないが、たとえば情状酌量の余地なく殺人を繰り返した犯人の場合など、自分の死をもってしかそれを償えないこともあるのではないだろうか。」

練習問題 10

問1 次の議論に対して、批判につながるような効果的な質問を、三つ以上提出せよ。

言葉というものは具体的な名詞や動詞から、しだいに抽象の過程を経て一般的、普遍的な概念へと成長するものであるが、日本語はその初期の段階できわめて高度な中国語の洗礼を受けた。その結果、日本語は具体語から抽象語へという自然の成育をせずに、いきなり高いレベルの中国語（漢語）をそっくりそのまま借用することになった。しかし、日本に一挙に流入した中国の抽象名詞は、日本人には容易に理解できるものではなかった。それを何とか分かろうとするためには、ただ一つの方法しかない。すなわち、漢語の抽象的な概念を具体的なイメージに置きかえるのである。こうして日本人は、中国語のさまざまな抽象語を、具体的なものに翻訳して理解しようとした。いいかえれば、日本人のものの考え方は、具体から抽象へと進むのではなくて、反対に、抽象から具体へというコースをたどったのだ。[97]

問2 批判Bが立論Aの論証に対する批判として不適切である点を指摘せよ。

立論A「高校においていっさいの校則を設けず、高校生を自由放任にすることは、むしろ教育の放棄でしかない。高校はたんに勉強だけを教えるところではないはずであるから、その生活態度に関しても、校則という形で教えるべきことを教えなければならない。」

批判B「いまの校則には実に下らないものがある。髪が肩にかかってはいけないとか、あるいは、ソックスは白で三つ折りにしなければいけないという校則があるかと思えば、ソックスは折ってはいけないという校則があったりする。いったい、そんな校則が教育であるとはとても考えられない。」

問3 批判Bが立論Aの論証に対する批判として不適切である点を指摘せよ。

立論A「美人コンテストとは女性の外見に序列を与え、さらにはそれを商品化さえするものにほかならない。しかもそれはしばしば男性の観点から女

性を選別する品評会となっている。このような女性差別を助長するコンテストは廃止すべきである。」

批判B「女性差別が美人コンテストを生み出すというのはナンセンスである。たとえば江戸時代には美人コンテストなどはなかった。しかし、その男尊女卑意識は言うまでもなく現代よりもはるかに強かったのである。」(98)

問4 次の立論に対して批判せよ。ただし、批判する箇所を、引用ないし手短かにまとめる形で提示した上で、批判を述べること。

「セクハラ」が騒がれ、さらにはそれが訴訟沙汰になっているが、レイプのような厳然たる事実が示される場合と異なり、セクハラを法的に規制するというのは理解できない。というのも、ある言葉や行為が相手にどのような感情をもたらすかはまったく主観的なことがらだからである。親愛の情をこめたちょっとした冗談やふるまいが、セクハラとして騒がれる。その多くの場合に、騒がれた本人にはけっして嫌がらせの意識はなく、ただ当惑するだけである。そもそもどのような言葉も相手を傷つける可能性をもつ。「元気がないね、どうしたの」と声をかけても、相手と場合によっては不快感をもよおさせるかもしれない。それを法的に規制するというのは、一種の言葉狩りであると言えるだろう。(99)

問5 次のような論題を設定し、立論－批判－異論を作成せよ(100)。
（例1） 日本の大学教育はもっと厳しいものにすべきか。
（例2） 電車の中で公然と化粧をすることは許されるか。
（例3） 人間のために動物実験をすることは許されるか。
（例4） 学校教育において競争を利用することはまちがっているのだろうか。たとえば、試験のあとに成績順の席替えをすることはどうか。あるいは、運動会からは徒競走のような種目を削除すべきなのだろうか。

課題問題 10

問6 次の議論に対して、批判につながるような効果的な質問を、三つ以上提出せよ。

ある人には「美しい」ということが分かり、別のある人には「美しい」と

いうことが分からない——それはなぜなのでしょう？

　「美しい」とは、どういうことでしょうか。私は、それを「合理的な出来上がり方をしているものを見たり聴いたりした時に生まれる感動」と規定します。例えば、すぐれたスポーツ選手の動きは、「美しいフォーム」になります。つまり、美しいものと合理的なものは、ひとつの同じものなのです。その同じものを、ある人は「美しい」と言いたいと思い、別のある人は「合理的」と言いたく思うのです。

　しかし、ひとは「なんて美しいんだ！」という感動の叫びはあげますが、「なんて合理的なんだ！」という感動の叫びはふつうあげません。合理的かどうかは即座に分かるものではないからです。あるものが合理的かどうかを判断するにはたくさんの項目をチェックしなければなりません。「合理的」というのは、感動を後から追いかける説明の言葉なのです。

　それに対して、「美しい」という言葉は「美しい＝合理的」であるようなものに出会った瞬間の、「あ……」というつぶやきの中から生まれます。それはつまり、判断停止の中から生まれるのです。だから、「美しい」ということが分からない人たちというのは、「なんでも自分で判断して決めたい」と思っている人たちなのです。「美しい」は思考を混乱させ、停止させてしまいます。「なんでも自分で判断して決めたい」と思う人にとって、こんなことはいやでしょう。だから、「合理的」を選び、「美しい」を排除するのです。「美しいが分からない人」は、このようにして登場します。[101]

問7　立論Ａの論証に対する批判として不適切なものを、下の①－④から選び、そのどういう点が不適切なのかを説明せよ。[102]

　Ａ　現代の日本の少子化傾向は、将来的にみて、日本経済にどの程度の打撃を与えるだろうか。結論から言えば、心配は無用である。少子化によって生産力が低下することは考えられない。というのも、第一に、これからますます女性および高齢者の就業率の上昇が見込まれる。これが、少子化による労働力の減少を埋め合わせる。第二に、今後外国人労働者の数も増大し続けるであろうし、また増大させるべきである。このことも、労働力の減少を埋め合わせるだろう。そして第三に、現在進行中のＩＴ革命による生産力の向上である。こうした点を考えあわせるならば、少子化にもかかわらず、生産

力は将来的になお上昇すると予想される。

① 少子化による生産力の低下がどの程度であり、また、それを埋め合わせると言われている女性、高齢者、外国人労働者の増加、およびIT革命による生産力の増大がどの程度であるのか、定量的な根拠がまったく示されていないため、提示された根拠からでは生産力が将来なお上昇するという結論を導くことはできない。

② 少子化にもかかわらず生産力は上昇すると主張されるが、その楽観はまったくまちがっている。ひとつの推定によれば、日本の総人口はやがて減少し続け、2050年には9231万人、すなわち現在の8割弱、2100年には5088万人、すなわち約4割となる。しかも、そのうち年少人口は1割となる。これだけの労働人口の減少に伴う生産力の低下は甚大なものがあり、日本経済はかなり大きな打撃を受けると考えねばならない。

③ 女性および高齢者の就業率が増加したとしても、それは過大評価されるべきではない。というのも、技術革新を起こしたりそれにいち早く対応したりできるのは若年層であり、少子化はまさに労働力のその層を奪うからである。それゆえ、女性および高齢者の就業率の増加をもってただちに労働力減少に対する埋め合わせと考えることはできない。

④ 外国人労働者は今後も増加し続けると述べられているが、事実として、外国人労働者の増加率は1997年頃から鈍っており、現在は安定期に入っている。また、外国人労働者をさらに増加させるべきだとの意見は、慎重に検討されねばならない。不況下に失業するのは単純労働者が多い。そこで安直に外国人労働者を単純労働者として利用することは、不況期の失業問題を深刻なものとしかねないのである。

問8 次の立論に対して批判せよ。ただし、批判する箇所を、引用ないし手短かにまとめる形で提示した上で、批判を述べること。
　どうして祖父の世代の戦争責任をわれわれの世代が負わなければならないのだろうか。責任とは自分の為した行為に対してのみ負うものであるから、

祖父たちの犯した罪を私が負う義務はない。たとえば親の借金については、借金はマイナスの遺産とみなされるため、そもそもすべての遺産相続を放棄してしまえば、親の借金を子が引き受ける義務はなくなる。なるほど、親は子の教育・管理に責任をもつだろうから、親の管理下にあるべき年齢の子の行なったことに対して、親はその管理責任を問われもするだろうが、逆はない。つまり、親の為したことに対して子が責任を問われるということはない。まして、祖父の世代のことであれば、それはわれわれが責任を問われるべきものではないし、われわれが償うようなものではない。われわれとしては、祖父の世代が犯した過ちを率直に過ちと認め、同じ過ちを今後われわれ自身が犯してしまわないようにするだけである。

第 11 章

論文を書く

　「論文を書く」ということはもちろん作文するということであるが、「作文する」ことは必ずしも論文を書くことではない。そこで、論文を書くのではないような作文を「たんなる作文」と呼んでおくことにしよう。小学校以来、多くの「たんなる作文」教育が為されてきた。しかし、論文教育はほとんど為されていない。大学入試にしばしば見られるようになった「小論文」問題でさえ、「たんなる作文」教育として為されてしまうように思われる。たとえば、「「読むということ」というテーマで1000字以内の文章を書け」という問題がある。なるほど、論文はあるテーマについて書くものではある。しかし、あるテーマについて書くことが、すなわち論文を書くということなのではない。あるいはまた、「日本の国際化のあるべき姿について、自分の考えを述べよ」という問題がある。だが、自分の考えを述べることが、すなわち論文を書くことではないのである。もしかしたら、ここには論文を書くことについて何か誤解ないし無理解があるのではないだろうか。「小論文とは、あるテーマについて、自分の考えを、あるまとまりをもった明快な叙述で表現することである」、と。だが、これは相変わらず「たんなる作文」教育の発想でしかない。

　明快な叙述や的確な構成といった表現上の巧拙は、論文の本質ではない。それは、よい論文と悪い論文を分けるひとつの重要な基準ではある。しかし、論文と論文でないものとを分ける基準ではない。そして、何よりもまず論文教育において求められるものは、論文でないものしか書いてこなかった

人たちを、論文を書くことへとガイドすることなのである。よい論文を書くよう指導するのは、もっと後の話となる。

では、作文を「たんなる作文」ではなく「論文」たらしめるための重要なポイントを順に説明しよう。

11.1 問題をつかむ

「自分の言いたいことを述べる」、あまりにも当然のことであるが、やはりまずそのことから強調しておかねばならない。与えられた字数を埋めるような小論文の練習をしてきたため、言いたいこと以外の埋草を書く癖がついてしまっているかもしれない。そしてまた、世の中に見られる文章の多くは埋草的文章であるから、そういうものを読んでそれが論文の見本のように思ってしまうかもしれない。なるほど埋草的文章が必要とされる場合もある。しかしそれは論文を書くという場面では禁じられるべきことである。

さらに、小論文試験の弊害は、「なぜそれを言いたいのか」という動機をもたないままに（あるいは点数を取りたいという非本質的な動機から）、書いてしまうということである。言いたいことがあるから書く、というのは一面の真理であるが、なぜ自分がそれを言いたいのかを自覚しなければならない。正しいことを言うというだけならば、「私は今朝コーヒーを飲んだ」というのも、正しい主張である。だが、ふつうの脈絡では、とくにこんなことを言いたくなりはしない。「真実の書」というだけのことであれば、時間と根気さえあれば何冊だろうと簡単に書けるだろう。

では、なぜあることがらを言いたくなるのだろうか。論文という脈絡におけるそのもっとも大きな動機は、異なる意見があるからである。全員が自分と同意見ならば、それについては主張する動機をもたない。あるいは、自分と同意見の人しか読者に想定しないのであれば、主張する動機は失われる。自分と異なる意見の人が想定され、その人に向けてその人と異なる自分の主張を展開する。これが、なにごとかを主張することの基本にある。論文を書くということのトレーニングの第一歩は、なによりもまずこうした自分と異なる他者への感受性を開くことにほかならない。

そしてまた、「何であるか」を一方的に叙述しているだけでは、それが実際に何であるのかも明確にはならない。主張の輪郭をはっきりさせるために

は、それが「何でないのか」もある程度書かねばならない。他の主張との対比においてはじめて、主張はその意味内容を明示しうるのである。

ポイント1　自分の言いたいことが何でないのかを明確にする。

ひとつ事例を示してみよう。次の文章を読んでみてほしい。

　世界中どこへ行っても必ず日本の若者がいる、と言われて久しい。出かけた先での風評の第一が、日本の若者は自国の文化を知らない、ということ。第二に、マナーの悪さだ。海外へ出ることは、悪いことではない。島国に住む日本人が、異国の文化に触れ、現在の日本のあり方を考えるのは必要なことに違いない。だが、ショッピングに狂奔し、観光地を落書きで汚して帰る実情では情けない。
　真に外国を知るには、まず自国の文化を知ることから始まる。日本には、世界に誇れる文化財があるのだ。それに無関心でどうして他国が理解できよう。教養の根本は、自国文化の理解にあると思う。精神的豊かさもそういう理解の上に成り立つのではないか。また、旅の面白さは自分で見、自分の頭で考えるという主体的な姿勢から生まれる。いわゆる「パック旅行」は旅ではない。
　技術の進歩が物質的な豊かさを生み出した反面で、肝心な人間性を貧困にしている現状を我々は今こそ、考え直すべきである。[103]

これは、受験参考書に示されていた小論文の入試問題に対する模範解答をそのまま引用したものである。そしてその問題とは、「『本当の豊かさ』について、『技術の進歩』、『使い捨て』、『旅』、『家族』、『文化財』という語句のうち、少なくとも三つを使用して、400字程度にまとめよ」という趣旨の問題であった。なるほど、このような問題に対してはこのような解答が「模範解答」なのかもしれない。だが、いまはそうした入試の脈絡を抜きにして、

この文章だけを論文的叙述として評価してみたい。

　まずなによりも、これがどういう意見の持ち主を読者として想定しているのか、そしてその相手に何を伝えたいのかが不明確である点が指摘できる。つまり、全体としてもっともなことを主張していることに自己満足し、他者に対する感受性の欠如を示している。そして、もっともなことを言っているという安心感が、緊張感のないだらしのない論述を生み出してしまっている。論証の前提としてであれば、誰もが認めるだろうことを確認しておく作業も必要なことである。しかし、誰もが認めることをとくに論証もなく結論として恥じないのは、まさに鈍感さ以外の何ものでもない。

　たとえば最後の2行はそうした鈍感さを示している。これが結論部なのかどうかも不明であるが、このようにとってつけたような穏当な結論をつけて「よい子」ぶりを示さねば点が取れないのであれば、小論文試験は多大な害を与えていると見るべきだろう。学校における論文教育でくれぐれも注意しなければならないのは、生徒が、この模範解答に示されるような形で、教師を読者に想定して論文を書く場合である。論文とは、たとえそれが教師であってもなお、自分と異なる他者と向き合う場にほかならない。

　その意味では、むしろ非常識な結論をもつ論述を組み立てるトレーニングをした方がよい。想像力を駆使して非常識な主張に肩入れし、多くの常識的読者を敵にまわして書くのである。ただし、こればかりやっていると「あざとい」論文書きになってそれはそれで読むに耐えないので、これもまた注意が必要ではある。

　例文に戻ってさらにいくつかコメントしておこう。この模範解答は、採点者を読み手として想定し、与えられた語句を強引にもこなしつつ、「本当の豊かさについて」といういかにも常識的結論を求めるような論題に答えるものであるために、まさにそれにふさわしいものとなっている。そして、「もっと自国の文化を知ろう」、「もっと旅行のマナーをよくしよう」、「もっと主体的な旅行をしよう」と、虚しい正論をほとんど論証の構造をもたないままに並べ立て、最後に「物の豊かさから人間性の豊かさへ」と鼻白むような結論をとってつけて終わる。しかし、いったい、「技術の進歩が人間性の貧困をまねく」というのは本当なのか。もしそうなら、どうしてそうなるのか。あるいはまた、「外国を知るにはまず自国を知れ」と言うが、ともあれまず他の文化に触れることによってはじめて自国文化を反省する視点も得られるの

ではないか。論文を書くということは、このような自分と異なる見方の可能性を自分自身に向かって投げかけることにほかならない。
　具体的に見てみよう。
　まずあなたが自然保護についてなんらかの関心をもち、それについて何か考えるところを書いてみたいと思ったとする。あるいは、「自然保護について論じよ」という課題を提示されたとしてもよい。

> **課題1**　自然保護について論じよ。

　しかし、これだけで何か書けるものではない。何について書くかが決まっただけでは、まだ論文の出発点に至ってはいないのである。この点は繰り返し強調しておきたい。論文とは、たんにあるテーマについて書くものではない。あるテーマのもとで問題を見出し、その問題を巡って書くこと。それゆえ最初の目標は、まずそのテーマのもとで問題を見出すことにある。

> **最初の目標**　「自然保護」というテーマのもとで問題を見出す。

　なんの問題も見出せないままに自然保護について思うところを書くと、たとえば、いかに自然破壊が進んでいるかを訴え、次に、どれほどわれわれが自然保護に反したことを行なっているかを指摘して、最後に「自然保護を進めていかねば人間自身の自殺行為ともなりかねない」とかなんとか結論して終わる、というなんとも気のない「たんなる作文」ができあがるだろう。これは、いまわれわれが練習したいこととはまったく異なっている。まず、問題へと到達しなければならない。論文はそこからはじまる。[104]
　では、「自然保護」というテーマのもとで、どのような問題が考えられるだろうか。まず、自然保護は本当にたいせつか、と問うてみよう。あなたは自然保護はたいせつだと思っているとする。そのとき、自分のその意見に対する異論の可能性を想像できたならば、そこに問題が発生する。自然保護は

もしかしたらたいせつではないかもしれない。とりあえずそう問いかけてみる。この問いにリアリティをもたすことができるだろうか。

> **課題2** 「自然保護はたいせつではない」という趣旨の意見の可能性を想像してみよ。

　自然保護はたいせつではないという人がいたとして、その人は「自然は破壊してしまえ」と言うだろうか。必ずしもそうではない。もしあなたがこの過激な発想に対してもある程度共感できるか、あるいは実際にそう主張する人がいるならば、その点を問題にしてもよい。しかし、そうでないならば、自然は破壊せよという意見を論駁し、自然を保護せよと論陣をはるのは、たんに虚しい作業となる。もう少し穏当な異論の可能性を探ろう。
　自然保護はたいせつではないと主張し、かつ、自然を破壊せよというのでもないような主張とは、たとえば「自然に人間の手を加えるな」という主張であるだろう。これならば、成り立ちそうな主張にも思える。だが、たんに意見を述べるだけでは議論にはならない。それを支持するような論証が立論できるだろうか。

> **課題3** 「自然に人間の手を加えるな」という意見を支持するような論証の可能性を考えてみよ。

　まったく自然に関わらないことは人間にとって無理である。野菜を作り、養殖をする。また、さまざまな建造物を建てねばならない。それゆえ、この意見の趣旨は、「人間は絶滅せよ。それが一番地球にやさしい」という意見でないかぎり、「人間は不必要に自然に影響を与えるな」というものであるだろう。だが、自然を保護するような形で自然をコントロールすることも許されないのだろうか。——いまは、「許されない」という方向で理由を考えてみる。何か思いつくだろうか。

11.1 問題をつかむ

　ひとつの論拠は、人間に対するペシミズムであるかもしれない。人間のやることは、たとえ善意から為されたことであっても、自然という大きな有機的全体に対してはどうせろくなことにはならない、というのである。さらにその論拠を問うならば、だっていままでそうだったじゃないかということであるかもしれない。だから、浅知恵で自然に対してよかれと思っても、もはや何もしない方がましだ、というのである。そもそも、自然を「保護」するという傲慢な姿勢をもつかぎり、何をしても、よくて無駄、悪くて逆効果だろう。（私自身、そう書いているうちになんだかそんな気がしてきた。）

　このように、自分自身何気なく思っていたことにあえて波風を立てる。それが論文を書くということなのである。そしてうまくいけば、波瀾万丈の論文ができあがる。もちろん、へたをすれば座礁するかもしれない。しかし、失敗の可能性のないところでは、試みるということも不可能である。

　こうして問題が生じたところで、論文の構想へと出発できる。

　たとえテーマが設定されても、問題が見つからないかぎり論文に取りかかることはできない。逆に、問題が見つかったならば、どのようなことであれ、それを巡って論文を書くことができる。

　ここで、押さえておくべき第二のポイントがある。

ポイント2　なぜそう言えるのかを書く。

　このポイントは、第一のポイントに応じて少なくとも二重に適用される。ひとつには自分自身の言いたいことに関して論拠を示さねばならない。そしてもうひとつは、あなたの言いたいことではないことに関して、なぜそれが言えないと考えるのか、批判を書かなければならない[105]。

　さて、いまの問題状況はこうである。あなたは自然保護は推進すべきだと考えている。それに対して自然保護などすべきではないという意見の可能性があり、それを支持する立論もある程度考えられる。つまり、「人間が自然を保護する」という姿勢がそもそもまちがいであって、そこには自然破壊と共通の態度さえ見られる、というのである。そこで次に、このように想定した立論に対して批判しなければならない。

> **問題1** 次の立論に対して批判を考えよ。
> 　これまで、人間は積極的に自然を変化させ、それを制御しようとしてきた。しかし、その結果が環境破壊という現状である。それに対していままに、こんどは「自然保護」という名のもとに自然をコントロールしようとしている。だが、「自然保護」の基底には、相変わらず人間が自然をなんとかしなければいけないという発想がある。その意味で、これは自然破壊と変わるところがないと言ってよい。むしろいま重要なことは、こうした発想を断ち切ることであろう。自然を自然のもとに返すこと。それゆえ、自然保護運動と手を切ること。それこそが現在われわれに求められていることなのである。

　この立論において、「自然保護には自然破壊と共通の発想がある」という主張から「こうした発想を断ち切らねばならない」という主張への移行は問題である。「自然保護は自然破壊と共通の発想をもつ。その意味で、自然保護は自然破壊と変わらない。しかるに、自然破壊はよくない。だから自然保護もよくない」、だいたいこのような流れになっているが、「その意味で」という限定つきで「変わるところがない」と主張しているのに、結論ではいつのまにか全面的に同じであるかのように議論されてしまっている。それゆえ、「その意味では同じであっても、他の重要な意味においてはなお異なるものである。それゆえ、自然破壊はよくないが、自然保護は重要である」と議論する余地はまだ残されている。
　実際、「人間が自然をなんとかするという発想を断ち切らねばならない」という主張に関しては、「人間が壊したのだから、人間が責任をとって修復しなければいけない」という考え方もありうるだろう。こうして、自分自身の中で対話がはじまる。
　　「人間が自然をなんとかするという発想を断ち切らねばならない」
　　「いや、人間が壊したのだから、人間が責任をとるべきだ」
　　「自然には自己修復能力、自浄作用がある。むしろそれにまかせて人間は手を引くべきだろう」
　　「でも、人間は自然の自浄作用をも損なうほど自然を破壊してきた。基

本的には自浄作用にまかせるにしても、それを活性化させるよう人間が働きかけねばならない。ゴミを捨てたなら、それを拾うのは当然のことだ」

「だが、たとえば河川の自浄作用を回復するために人為的な手段をとることはどの程度まで必要なのだろう。ほかにもたとえば、サケが遡上しなくなったのは人間の責任だからと、サケの稚魚を放流することは本当に必要なことなのか。あるいはまた、絶滅しそうな種を捕獲し、保護し、交配に努めるのは必要なことなのだろうか」

こうして考えてくると、だんだん分からなくなってきて、「いやあ難しいや」と放り出したくなるかもしれない。しかし、そこを踏ん張ることが、書くことなのである。そこでひとつの実践的なアドバイスは、分からなくなったら他の人と話しあってみよ、というものである。

ここには、論文を書くときに要求されるかなり高級な技術がある。問題を考え尽くして書くことは不可能である。ある程度安定したところでともあれ文章にすることも必要になる。そうすることが、それに対する他の反応を誘い、自分自身がさらに考えていく力ともなるだろう。つまり、それ自身対話の一環として論文を提出すること。そのためには、ある程度形を成した論述を、なお未完成のものとしてまとめる力が必要となる。この誠実さを論文執筆において実現するのは初心者には難しいかもしれない。とりあえずは、論点が分裂してまとまらなくなってしまったとしても、自分を偽らないことを心がけてほしいと思う。ただし、論文執筆の練習としては、ある程度完成を装うこともやむをえないだろう。

問題1に戻ろう。「人間が自然をなんとかする」という発想と手を切らねばならないというのがたとえ正しかったとしても、そのことは「自然保護運動」をいっさいしないことを結論として導くものではない。どうしてか。

問題2 「自然保護」とは、人間が自然をなんとかしなければならないという発想を必ずもつものなのだろうか。

「人間が自然を破壊する」のを防ぐということは、けっして「人間が自然

を保護する」ということだけではない。それは「人間が自然を破壊しないように見守り、規制する」ということでもあるだろう。

　ここでひとつ議論のテクニックを押さえておく。しばしば、たんに言葉の問題が原因で議論が対立し、空転することがある。その場合には、いったん議論を中断して、お互いの用語法を整理し、確認しなければならない。自分の用語法にのみこだわるのではなく、その場で共通の言葉を作っていくのである。いまの場合、「自然保護」という言葉の意味が食い違って、そのために議論が空転するおそれがある。そこでたとえば、「自然保護」という言葉を「人間が自然に手を加え、自然を保護すること」という意味に限定しよう。そして、「人間が自然を破壊しないようにすること」は、「自然破壊防止」という言葉で表わすことにする。論文の中でこのように概念規定を明確にしていくことは不可欠の作業である。

　さて、そうすると、いま限定した意味での自然保護運動に対しては否定的であったとしても、それは自然破壊防止運動に対してまだ何も述べていないものとなる。というのも、自然破壊防止運動とは、自然に対して介入することではなく、自然を破壊する人間の活動に介入することだからである。

　この段階で小論文を作成することもできる。では、一応ここで執筆に取りかかることにして、そのやり方について述べることにしよう。

11.2　論文を組み立てる

　いまの段階は、いわば食材をもって台所に立った状態である。さまざまな「料理法」が考えられる。ラップをはずして皿に並べて終わりというものもあれば、本格的な料理もある。ともあれ、まず材料の確認からはじめよう。

　最初に、使う材料ではなく、ともかく使えそうな材料を列挙し、そこから論文のイメージを組み立てていかねばならない。そのため、論点のメモを作成する。あくまでも材料を確認し、論文のイメージを作るためのメモであるから、自分なりに工夫し、イメージしやすいように作らねばならない。次ページにその一例を示してみるが、実は、このメモに書き込んだり削除したり、線でつなげたり、枠で囲ったりする作業が、イメージ形成のためには重要なのである。それゆえ次ページの例はそうした一連の作業を時間的にストップさせた静止画像にすぎない。

〈論点メモ〉

|「自然保護」反対論| ──→実際にこういう反対論者はいないか？

　自然保護＝人間が自然に介入すること＝自然破壊と基本的発想は同じ
　人間が自然に介入してもかえって逆効果ではないか（言い過ぎ？）
　　　←── 人間に対するペシミズム ←──これまでの事例

◎ |「自然保護」という概念のあやしさ|

　たとえば、絶滅の危機にある種を捕獲し、保護して、交配に努める
　ことの不自然さ──→問題提起に使える？　もう少し具体的に
　サケの稚魚を放流すること──→もっと具体例さがす

「人間が自然を保護するのだ」という発想は正しいのか
　　人間が破壊したのだから、人間がなんとかしなければいけないのか

　　　|捨てたゴミを拾うといった程度のことは当然
　　　　←──しかし、あまりに人間が手を加えるのはどうか|

　　　　難しい問題だが、基本的には自然の自浄作用にまかせるという
　　　　態度が必要──→もう少し考える

「人間が自然を保護する」という発想とは別のところにあるものとしての
|「自然破壊防止運動」| ←──用語の整理
　人間が自然に介入するのではなく、人間の活動を人間が監視し、規
　制することの必要性──→たとえば？

○「自然保護」から「人間の規制」へ（一応の結論？）

こうしたメモを作りながら、まだイメージが湧いてこなかったならば、もう一度材料の仕込みをしなければならない。すなわち、もっと調べる、考える、話し合う、というわけである。

しかし、どれほど論文の内容が貧弱に見えても、いくつもの主張を次々と並べ立てるようなことはしてはならない。たとえば5000字程度の論文であれば、言いたいことはひとつで十分である。だいじなことは、そのひとつの主張に到達するまでの過程をきちんと書くところにある。他の主張と対比し、批判的に検討し、自分の主張を論証する。ここに論文の実質がある。

論文のイメージができてきたら、論点メモをもとにして論文としての構造を作っていく。そして、論文の「設計図」を作成する。論述の順に沿って、何を書くかを押さえていくのである。とくに初心者は、こうして整理しておかないと執筆中に方向を見失うことがある。

〈論文設計図〉
(1) 「自然保護」という概念のあやしさ
　　　＝「人間が自然を保護する」という発想の危険性

(2) 人間が自然を保護するという発想を完全否定するものとしての「自然保護反対論」＝人間は手を引け、自然の自浄作用にまかせよ
この意味での「自然保護反対論」の行き過ぎ
　　「人間が自然に手を加える」
　　　──むしろ自然に「手を貸す」という態度
　　　　　まったく放置、傍観するわけにはいかない

(3) 自然保護反対論の正しさ＝人間が自然を治すという考え方の危険性
　　　──むしろ人間は人間の活動を監視し、規制しなければならない
　　　　＝「自然破壊防止運動」

(4) 結論：「自然を保護する」という態度から、むしろ「人間の活動を規制する」という態度への転換

ここで、実際的な忠告をひとつしておく。こうした手順においてもっとも時間を使うべきなのは、論点メモを作り、論文のイメージを組み立てるところまでである。まずこの準備にたっぷり時間を費やしてほしい。そしてイメージができあがったならば、なるべくすぐに執筆に取りかかった方がよいだろう。設計図を綿密に作ろうとしていると、そこで論文執筆の情熱が奪われるおそれがある。へたをすると、設計図ができあがった段階で満足感が得られてしまうかもしれない。（逆に意気消沈することもある。）それゆえ、豊かなイメージをもちつつ、なるべく簡略な設計図を作り、イメージ自身の運動力が生きているうちに執筆に取りかかる方がよい。

　とはいえ、このあたりは個人差の大きいところなので、自分に合ったやり方を見つけてもらいたい。

　さて、あとは明確で率直な叙述を心がけることである。「ちょっと背伸びをして書け」というアドバイスはここでは当たらない。背伸びをするのは、問題をつかみ、調べ、考える段階のことである。苦しんで準備し、楽々と書くのであって、逆ではない。

　最後に、論文執筆の後のことについても少し述べておこう。先にも述べたように、すべてを考え尽くして論文を作成することは不可能である。それゆえ、明晰で誠実な思考と叙述は、完結することなく、さらなる課題へと開かれている。いまの事例では、たとえば「自然破壊防止運動」について、さらに論ずべきことがある。そこで、このテーマのもとに、もう一度はじめから考察が始まる。

課題4　「自然破壊防止運動」というテーマのもとで問題を見出せ。

　自然破壊防止運動は人間の活動に対する規制である。とすれば、そこに人間のもつ欲求や権利との軋轢が生じる。たとえば、森林破壊を防止するということは、見方を変えれば農地開発を制限することでもある。ある国が自動車社会になることを規制することは、その国の産業の発展を規制することでもある。すると、いかなる自然破壊も許されないのか、それとも許される自然破壊もあるのか、という問題が生じてくる。あなたのさしあたっての意見

が、いかなる自然破壊も許されないというものだとしよう。すると考えるべきはこうである。

> **課題5**　「許される自然破壊もある」という意見を支持するような論証の可能性を考えてみよ。

　想像力を働かせねばならない。ときには極端な場面を考えてみることも必要となる。「人を救うか自然を救うか」、その二者択一を迫られるような場面があったとして、どちらを選ぶべきか。たとえば、ひとつの極端な例として、「天然痘ウィルスを絶滅させることは許されるのか」。こうして、問題は「人間中心主義」か「自然中心主義」か、という形に集約されてくるかもしれない。「自然は人間の前に屈伏せよ」に対するアンチテーゼとして「人間は自然の前に屈伏せよ」という立論の可能性が開ける。
　あるいはまた、しだいに、この「人間か自然か」という対立図式がいかにも単純なものに思えてくるかもしれない。そして、「人間も自然だ」という考えが生まれるかもしれない。それは新たな問題への扉である。ひとつの考えが生まれたならば、それに対立する考えも同時に想像しなければならない。たとえば、「人間は反自然的存在である」のように。

　論文を書くためにもっともだいじなこと、それは単純なことである。世の中にはいろいろな人がいる。そして自分自身もまた一枚岩ではない。それを自覚し、問題への感受性を養うこと。なによりもそれが基本となる。同じことは討論の場においても言える。勝ち負けを決めねばならない闘いの場としての討論も確かにある。だが、屈伏させるためではなく、お互いの想像力や感受性を賦活させるために行なう討論もあるのである。論理トレーニングもまた、そうした感受性に支えられてはじめて、生きた技術となる。

練習問題の解説と解答

練習問題 1

問1 (1) ［解説］ 順当な答えは「すなわち」だろう。しかし、脈絡さえ与えれば、「しかも」もまったく不可能というわけではない。たとえば、何かうまい解決法はないかという問いに対して、「人による解決というものがある」と答え、「しかもそれは当事者の直接の対決を避けるものなので、当事者が顔も見たくないと言っているようなこの場合にはちょうどよい」と続けるようなことも、考えられないわけではないだろう。そのような理由とともに「しかも」を選んでいれば、それはそれで正解である。

［解答例］ 後半の文は「人による解決」の内容を解説したものである。そこで「すなわち」を入れる。新たな内容が付加されているわけではないから、「しかも」は不適切。

(2) ［解説］ 前半が一般的な主張であり、後半が具体的なケースでの指摘であるから、「それゆえ」もまったく不可能というわけではない。しかし、「それゆえ」を用いると居間と外の景色の関係の話が積極的に言いたいことになるが、そうだろうか。

［解答例］ 「それゆえ」も不可能ではないが、前半が多少分かりにくい主張であるのに対して、後半がひじょうに分かりやすい事例を挙げているところから、前半の主張を後半で例示していると考えた方がより適切である。そこで、「たとえば」を入れる。

(3) ［解答例］ 前半の「無重量状態であり、それゆえ「軽くなった空気が上昇する」……ということはない」は、宇宙船の中でおならをしてもすぐには臭わないことの理由になっている。そこで、主張を付加する「しかも」ではなく、「したがっ

て」を用いるのが適当である。

問2　［解説］　前半では財政政策と経済安定の関係が述べられ、後半では財政政策と資源配分や所得再分配の関係が述べられる。言いたいことは後半の方であるから、前半と後半をつなぐ(b)には「しかし」が入る。

前半では、まず「経済安定のためには財政政策は金融政策と協調的に働かねばならない」と述べられ、ついで「例外的に、変動相場制下の経常収支に対しては、財政政策は単独でも効果をあげうる」と述べられる。ここで「例外的に」という言い方に注意すれば、これは補足的なただし書きであるととらえられる。

　［解答例］　言いたいことは「財政政策の得意分野は……資源配分や所得再分配である」というところにあるので、(b)には補足の「ただし」ではなく、「しかし」を入れる。「例外的に財政政策が……」という箇所はそれほど重要ではない補足であるから、(a)には「しかし」ではなく、「ただし」が適切である。

問3　［解説］　最初に「風土そのものがもつさまざまな特徴は……我々自身の特徴となる」と、言いたいことを提示している。そのあと、野菜と天候の事例と台風の事例が挙げられる。これは、一般的主張が確認されたのでそこから帰結を導いているというよりは、最初に述べた主張がまだ分かりにくいことなので、具体的に例示しているものと考えられる。

次に、「台風は稲の花を吹くことによって人間の生活を脅かす」ということは分かりやすい指摘であり、さらなる解説を必要とするとは思われない。それゆえ(b)に「すなわち」は適切ではない。台風が人間の生活と密接に関わるというこの指摘が、次の、台風の「季節的でありつつ突発的であるという二重性格が人間の生活自身の二重性格にほかならない」ことの理由になっていると考えるべきである。

さらに、前半を見ると、「野菜は人間が作るもの」、したがって「それに必要な雨や雪や日光は人間の生活の中へ降り込み照らし込む」とある。後半はこれと対をなしていることに注意したい。つまり、「台風は人間の生活を脅かす」、だから「台風の二重性格は人間の生活の二重性格にほかならない」というのである。

　［解答例］　冒頭でまず言いたいことが提示される。そのあと、具体的な事例が挙げられる。これは、一般的主張から帰結を導いているというより、最初に述べた主張がまだ分かりにくいことなので、具体的に例示しているものと考えられる。そこで(a)には「たとえば」を入れる。

次に、「台風は稲の花を吹くことによって人間の生活を脅かす」ということと「台風が季節的でありつつ突発的であるという二重性格が人間の生活自身の二重性格にほかならない」ということの関係は、前者を後者が解説しているものではなく、前者が後者の理由を与えていると見るべきである。それゆえ、(b)には「すなわち」ではなく「だから」を入れる。

練習問題2

問1　[解説]　②「家具が色あせる」、③「ワニスにヒビワレがくる」、④「カーペットが色あせる」、これらが①「こういう陽あたりをヨーロッパでは嫌う」ことの理由となっている。次の、「だから⑤ヨーロッパでは南向きの部屋は安い」は、①に戻って①から導かれている。①～④の全体が⑤の理由と考えてもよさそうだが、そのときあたかも⑤が最終的な結論であるかのような構造となり、⑤の主張に重みがかかりすぎ感じになる（とはいえ、誤答とまでは言えないだろう）。

②～④だけから⑤が導かれると考えるのはあまり適切とは言えない。やはり①があるから、⑤につながる。また、⑤から①が導かれると考えるのは無理である。

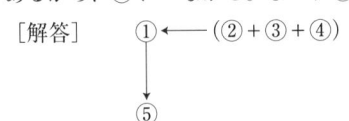

　　[解答]　　　① ⟵ (②＋③＋④)
　　　　　　　　↓
　　　　　　　　⑤

問2　(1)　[解説]　まず①と結論を言い、そのあとで「②だから③」と述べている。③「販売力が弱体なら着想を教えただけになり、ウマ味は競争相手がモノにする」は、①「販売力のともなわぬ技術は経営を危うくする」の理由を与えていると見るべきだろう。

　　[解答]　　② ⟶ ③ ⟶ ①

(2)　[解説]　まず、④「このような方法は合理的である」と結論が述べられ、その理由として、⑥「データが簡単に得られ」、しかも⑧「失敗の危険性が小さい」という2点が挙げられている。⑤「新製品では信頼度の高い予測は難しい」は⑥の理由を与えているが、ここは少し変則的であり、「データが簡単に得られること」よりもむしろ「有難いこと」の理由になっていると考えるべきだろう。

　　[解答]　　((⑤ ⟶ ⑥) ＋ (⑦ ⟶ ⑧)) ⟶ ④

（3）［解説］　製薬会社の例を受けて、一般的な販売方法について述べ、それを受けて「この方法」と言っている。つまり、正確に言えば、最終段落冒頭の「このような方法」（この製薬会社のような方法）と最後の「この方法」（ここで述べたような一般的方法）は内容が異なっている。だから、「この方法」の中に「数ヶ月の内に猛然と追い抜き、トップメーカーになる」ということは含ませない。

［解答］　新製品を他社にさきがけて出すことはせず、計画的に後手にまわって、他社が発売すると、販売方法、製品の売れ行き、購買層などを徹底的に調べ、よいとなったら類似製品を出して全力で販売するという方法。

問3　(1)　［解説］　①「カラーテレビの画像の色は実は目の錯覚を利用したもの」という心理学者の主張に対する根拠が、②～⑤で述べられている。そこで、おおづかみに言えば「①←―（②～⑤）」という構造がある。

「たとえば」のかかり方に注意が必要。つまり、②の例示は③だけなのか、それとも③と④なのか。内容から判断して「②たとえば③」。④は②の例示にはなっていない。

「それゆえ、⑤目の極端によい人にはまだらに見える」の理由になっているのは④だけだろうか。それとも②～④だろうか。「④――→⑤」としてもまちがいとまでは言えないが、「（②～④）――→⑤」とした方が、「3種類の光からなり、それが小さいため見えない。それゆえ、目のよい人にはまだらに見える」となり、より適切である。

［解答］　①←―（((②たとえば③)+④)――→⑤)

(2)　［解説］　モネの絵や水道水の透明さの話は例示なので、その前の主張にまでさかのぼる。

［解答］　われわれの知覚のほとんどすべてが錯覚だとされてしまうという帰結。

練習問題3

問1　［解説］　例示の接続関係と根拠の接続関係を的確に把握して、表現する。解答例はなるべく修正の少ないものを示しておいたが、さらに修正を加えてもっとよい文章にすることはできるだろう。（たとえば、最後の一文は「したがって」で続けるのではなく、「スピーチのときに口が乾くというのは、こうした理由による

ものなのである。」のようにした方がよいかもしれない。)

　[解答例]　慣れないスピーチをするようなとき、口の中がカラカラに乾く。それは、危険な状況に陥ると、一般に動物の体は必要な機能を活性化し、不必要な機能を停止するからである。たとえば、襲ってきたライオンから逃げるとき、さっき食べたものを消化しているヒマなどありはしない。だから、危険なときには唾液腺をコントロールする神経は抑圧されることになる。したがって、スピーチのときも口が乾くのである。

　問2　[解説]　問題文の筆者は、日本の現在の法律が臓器売買を禁止していることに対して反対している。なかなか納得しがたい議論かもしれないが（原文では臓器売買に反対する理由と考えられるものをさらにいくつもとりあげ、ひとつずつ反論している）、どういう問題提起を行ない、何を言いたいのか、きちんと読みとってほしい。
　[解答]　主題……臓器売買について。
　問題……臓器売買を禁止する理由はあるのか。
　主張……臓器売買を禁止する理由はない。

　問3　[解説]　①「刺身は活け造りにかぎるなどということはない」および②「締めたばかりの身はまだおいしくない」（②は①の解説ととらえることができる）に対する理由が、二つの側面から与えられる。まず、③から⑥までが活け造りでは食感が悪いという理由を与え、⑦から⑪までが活け造りではうま味も出ないという理由を与えている。その関係だけを取り出すならば、こうなる。「（①②）←──（③〜⑪）」
　③〜⑥において、「だから、⑥活け造りはドロリとして、しばらくたった身の方がコリコリしておいしい」を帰結として導くための前提は何か。④と⑤だけではなく、③「タイなどの刺身はコリコリした感触にうまさがある」もまた、⑥を導くための前提になっている。そこで、「（③〜⑤）──→⑥」となる。
　次に⑦「締めたあとしばらく寝かせておいた方がうま味が出る」に対して、その理由がその後に書かれている。ただし、気をつけてほしいのだが、⑨「グルタミン酸はほとんど増減しない」は⑦の理由としては働いていない。そこで、「⑦←──（⑧⑩⑪）」となる。「⑦←──（⑧〜⑪）」としてしまった解答も責められはしないが、うるさいことを言えば、まちがいである。逆に、周到に⑨を理由から排

除した人は、かなり論理っぽいアタマになってきていると言える。

[解答]　　(①②) ⟵ (③〜⑪)

(③〜⑤) ⟶ ⑥

⑦ ⟵ (⑧⑩⑪)

練習問題4

問1　[解説]　(3) この問題は厳密に考えるとなかなか難しい。④「崖に巣を作る鳥の方が球形から遠い卵形をしている」は、少なくとも「卵形の方がころがりにくい」ことの根拠ではない。むしろ、「ころがりにくいことが卵が卵形をしていることの理由である」と判断することの根拠と言える。だとすると、正確には④は「(③ ⟶ ①) と判断すること」の根拠ということになるだろう。これを論証図として表わすのは困難であるから、解答例は単純に「④ ⟶ ③」としておいた。

[解答]

(1) ②　　　　　　　(2) ①　　　　　　　(3) ④
　　↓　　　　　　　　　↓　　　　　　　　　↓
　③　④　　　　　　②＋④　　　　　　②　③
　　└┬┘　　　　　　　↓　　　　　　　　└┬┘
　　　①　　　　　　　　③　　　　　　　　　①

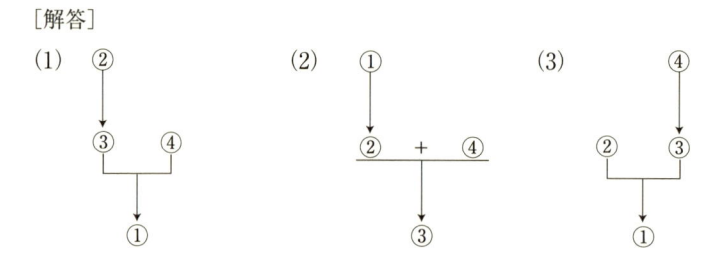

問2　[解答例]　欧米と比較して日本人の労働時間の方がずっと長いとしても、日本人が働きすぎだということにはならないかもしれない。それは、次のようなことも可能性として考えられるからである。
① 欧米の労働時間が少なすぎるのかもしれない。
② 労働時間が長くても労働の負担は軽いかもしれない。
それゆえ、欧米以外の国との比較も行なうべきであるし、また、労働内容も調べるべきである。

問3　[解説]　(a)一方があることを快く感じ、他方がそれを不快に感じるとき、どう対処すればよいのか。ここにはなかなか興味深い問題がある。これまでに学生から提出された答えの中に、「この論法だと、さわられるのが不快な女性とさ

わるのが快い男性とが同等の権利となり、痴漢も擁護されてしまう」という趣旨のものがあった。巧みである。

あるいはこんな答えもあった。「嫌煙権と喫煙権は同等の権利であるとはいえない。なぜなら、嫌煙者の周囲で喫煙することは、嫌煙権を強制的に奪うことにほかならないからである。」しかし、この答えはうまくない。どこがダメか、考えてみていただきたい。

　［解答例］　(a)嫌煙権と喫煙権は快・不快という点では比較できないものとも考えられる。実際、この場合には生命や健康への影響を考慮しなければならない。

　(b)両者が同等の権利であったとしても、いつでもどこでも喫煙する権利が認められるわけではない。それは嫌煙者にとっても同様で、いつでもどこでも喫煙を拒否する権利が生じるわけではない。それが権利の同等さの意味である。

　問4　［解説］　最終的な結論は⑯。そこで次に、それを直接導く根拠を探す。各段落がそれぞれひとまとまりの論証を形成しているので、その結論部がどのような関係にあるかを考えよう。

　まず第1段落の結論は、「④＋⑤ 土偶は最後には壊され、破片は別々の場所にもっていかれた」。

　第2段落の結論は、「⑫ 釈迦堂遺跡の土偶は、壊され、離れた場所に移されるためのものであった」。⑫は④＋⑤に対する例示であり、具体例を示すことによって④＋⑤の根拠を与えている。図示すれば次のようになる。

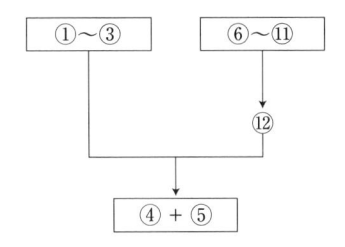

```
   ┌─────────┐    ┌─────────┐
   │ ①～③  │    │ ⑥～⑪ │
   └────┬────┘    └────┬────┘
        │              ↓
        │          ┌───────┐
        │          │  ⑫   │
        │          └───┬───┘
        │              │
        └──────┬───────┘
               ↓
         ┌─────────┐
         │ ④＋⑤  │
         └─────────┘
```

　①、②、③はすべてあわさって④＋⑤を導いている。

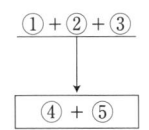

```
    ┌──────────────┐
    │ ①＋②＋③ │
    └──────┬───────┘
           ↓
     ┌─────────┐
     │ ④＋⑤  │
     └─────────┘
```

「(⑥〜⑪) ⟶ ⑫」の部分は二つの導出を含んでいる。(⑨ の前の「しかも」に注意。これが、根拠の付加を示している。) すなわち、「(⑥〜⑧) ⟶ ⑫」と、「(⑨〜⑪) ⟶ ⑫」である。

「(⑥〜⑧) ⟶ ⑫」は「(⑥＋⑦＋⑧) ⟶ ⑫」ととらえられる。

「(⑨〜⑪) ⟶ ⑫」は、まず「⑨＋⑩」から ⑪ を導き、⑪ から ⑫ を導くという構造になっている。

```
              ⑨＋⑩
                ↓
   ⑥＋⑦＋⑧    ⑪
   └─────┬─────┘
         ↓
         ⑫
```

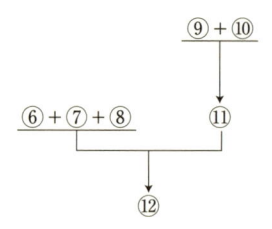

第3段落の結論は「⑮ 土偶は破片になっても価値をもっていた」であり、「⑬。なぜなら ⑭。このことから ⑮」という構造になっている。

そして、「④＋⑤」と ⑮ があわさって、「⑯ 女神を殺し死体を分断して分ける儀礼を、土偶によって行なっていた」という結論が導かれる。

以上をまとめると、解答になる。

［解答］

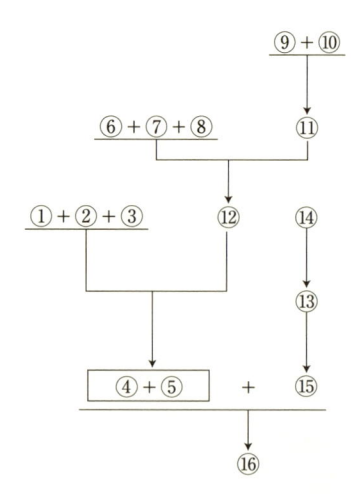

```
                          ⑨＋⑩
                            ↓
               ⑥＋⑦＋⑧    ⑪
               └─────┬─────┘
                     ↓
   ①＋②＋③         ⑫       ⑭
                              ↓
                              ⑬
         │          │         │
         ↓          ↓         ↓
      ┌─────────────────────────┐
      │   ④＋⑤    ＋    ⑮      │
      └─────────────┬───────────┘
                    ↓
                    ⑯
```

練習問題5

　問1　(1)　［解説］　この論証の構造はこうである。「赤い液体は水に溶けなかった。アルコールは水に溶ける。だから赤い液体はアルコールではない。」
　　［解答］　演繹
(2)　［解説］　この論証の構造はこうである。「飯田橋先生は昼食に出ている。飯田橋先生は昼食は学生食堂か上海亭でとる。今日は上海亭は休みだから、上海亭ということはない。だから、飯田橋先生は学生食堂にいる。」
　　［解答］　演繹
(3)　［解説］　証拠となる事実は、半跏思惟像が腰掛けに坐って半跏趺坐というかっこうをしているということ。前提となる事実は遊牧民たちがもともと腰掛けに坐って休息していたということ。および、半跏思惟像がインドから日本に伝わる間にユーラシア大陸北辺の遊牧民たちの土地を経たということ。そして、そこから形成される仮説は、半跏思惟像が腰掛けに坐っているのは、ユーラシア大陸北辺の遊牧民たちの坐り方に由来するものである、というものである。
　　［解答］　推測

　問2　(1)　［解説］　証拠となる事実は竜脚類の前足だけの足跡化石が北米やヨーロッパで発見されていること。そして仮説は、竜脚類が水辺の浅い所で泳ぐようにして進んでいた、それも、後ろ足だけを水中に浮かべた状態で前足を使って水底を蹴っていた、というものである。そこで、この仮説が正しいとしよう。しかし、もし①が否定され、なんらかの事情（水に流されてしまう等）でかつて水辺だった土地にはむしろ足跡化石は残らないというのであれば、たとえ竜脚類が前足で水底を蹴っていたとしても、それは前足だけの化石が残されていることを説明しなくなるだろう。それゆえ、①はここで暗黙の前提として働いていると考えられる。実際、足跡化石が水辺に残されやすいというのは、事情を知っている人には常識に属することであり、だからこそ、明示されず、暗黙の前提になっている。
　　②はおそらくこの仮説形成において認められることだろうが、なぜ前足だけの足跡化石が残されていたのかを説明するには、必要でも十分でもない。②が正しいとしても、①が否定されたら仮説は説明力を失う。逆に、②は正しくなく、竜脚類は水辺を生活の場としていなかったとしても、たとえば敵から逃げるために水

中に入った等の理由を考えることができる。

③と⑤は竜脚類に関する正しい事実と考えられているが、問題文における仮説形成には無関係。

④は仮説を補う前提（既知の事実）ではなく、推測された仮説の一部である。

［解答］　①

(2)　［解説］　もっともらしい仮説を考える必要はない。荒唐無稽なものでよいから、想像力をはばたかせて、竜脚類がその前足だけを地面に刻印したであろう状況を考えてみてほしい。ただし、かりにそれが正しかったら前足だけの足跡化石が残されていたという事実をちゃんと説明してくれるものでなければいけない。

［解答例］　(a) 竜脚類の雄は、発情期に雌の前で逆立ちし、前足だけで何歩か歩いてみせるという求愛行動を行なっていた。

(b) 竜脚類は、水辺で水を飲むときに、後ろ足を岩のような固い地面の上に置き、前足だけを水の中につけて、水を飲んでいた。

(c) 竜脚類の前足の跡と思われたものは、実はまったく別の二足歩行する生物の足跡であった。

問3　(1)　［解説］　薬の効き目などに関しては、それを飲まないとした場合にどうであるかを確認する「ブランク・テスト」が必要である。たんにAにBが続いて起こったことからAをBの原因とみなすのは、しばしばまちがった仮説形成のもととなる。（伝統的誤謬論では、"post hoc, ergo propter hoc causa."（この後なるがゆえに、この原因）の誤謬と言われる。）この問題の場合、可能な仮説はいくつも考えられるが、ひとつの有力な仮説は「プラシーボ（プラセボ、偽薬）効果」と呼ばれるもので、ビタミン剤でもなんでも、よく効く薬だと言って飲ませれば、暗示効果を伴って症状が治まってしまうことがある。

［解答例］　(a) 暗示の効果でなおったのかもしれない。

(b) ちょうど頭痛がおさまる頃に薬を飲んだというだけかもしれない。

他には、実際に学生の回答にあったものとしては、(c) 脱水症状からくる頭痛だったので、薬を飲むときに飲んだ水が効果的だった。(d) 薬のあまりのまずさに頭痛を忘れた。あるいは、このくらい非現実的なものを考えるのであれば、(e) 片思いの相手が頭痛薬をくれて気づかってくれたので、もう頭痛どころではなくなった、とか、他にもまだ考えられるだろう。

(2)　［解説］　コーヒーを一日に三杯以上飲むということから、カフェインのと

りすぎという側面を取り出しているが、そこにまず飛躍がある。コーヒーを飲む人たちはある割合で砂糖やミルクを入れる。こちらの方が原因かもしれない。とくに砂糖はあやしい。あるいは、一般にAということがらとBということがらに相関が見られたとしても、ただちにAがBの原因とは言えない。逆にBがAの原因かもしれないし（心臓病になるとコーヒーを飲みたくなる——あまりありそうなことではないが）、AとBに共通の原因CがあってAとBの間に相関が生じているのかもしれない。

　［解答例］　(a) カフェインが原因ではなく、コーヒーを飲むときに入れる砂糖やミルクが原因かもしれない。

　(b) コーヒーを三杯以上も飲むことと心臓病になることの共通の原因として、ストレスの多い生活をしているということがあり、そのために、コーヒーを三杯以上飲む人の方が心臓病で死ぬ割合が多くなっているのかもしれない。

　(c) 心臓病になるとコーヒーを飲みたくなるのかもしれない。

練習問題6

　問1　(1)　［解説］　直接論証。②、③、④から①を導く論証と⑤、⑥から①を導く論証の二つが含まれている。
　［解答］　論証図

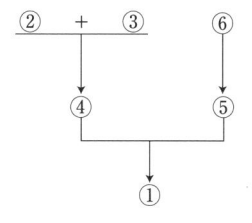

```
   ② + ③     ⑥
     ↓        ↓
     ④        ⑤
     └────┬────┘
          ①
```

　(2)　［解説］「②強火で焼く」と、「⑤口あたりが悪くなる」。さらに、「⑥水を入れる」と「⑧水っぽくなる」。両者をあわせて、「①水を入れず、弱火で焼かなければいけない」が出てくる。また、②と⑥は仮定であり、全体は間接論証。⑤と⑧はあくまでも仮定のもとでの帰結で、①はその仮定を否定した無条件の結論であるから、⑤、⑧と結論①は身分がぜんぜん違う。その間に二重線を引くのを忘れないこと。

[解答]　論証図

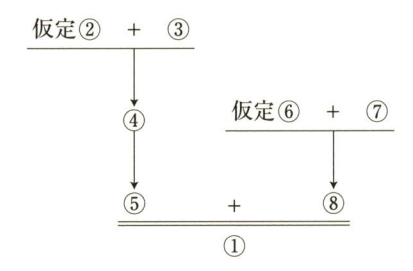

```
仮定② ＋ ③
    ↓
    ④                仮定⑥ ＋ ⑦
    ↓                    ↓
    ⑤        ＋          ⑧
    ─────────────────────────
              ①
```

問2　(1)　[解答]　まず主張を次のように整理し、番号をつける。
① ほめられると（仮定）
② たとえお世辞と分かっていてもうれしい。
③ がんばろうという意欲がわく。
④ こんなふうにやればよいということが分かる。
⑤ たとえお世辞であってもほめた方がよい。（結論）

　　　論証図

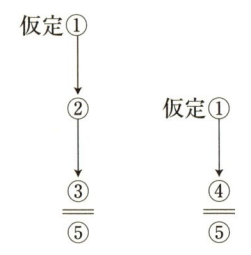

```
仮定①
  ↓
  ②         仮定①
  ↓            ↓
  ③            ④
 ───          ───
  ⑤            ⑤
```

[解説]　二つの論証が含まれているので、むりに一つにまとめずに、二つ並べて書けばよい。

(2)　[解説]　どうだろうか。こんな先生。A先生の意見に対して、「え、どこか反論できるの？」と思った人もいるだろう。反論のポイントが見つけにくい難問になってしまったかもしれない。

解答例を示す前に、ヒントを出しておこう。ポイントは、ほめることによって、学生が感じるべき本来の喜びをかえって奪い取ってしまいかねないというところにある。学生が感じるべき喜びは、その活動自身から生じる達成感、つまりは誰も見ていなくたって生じるはずの喜びでなければならない。しかし、ほめられたことによって、その喜びが「ほめられた喜び」として、教師から与えられた「ごほうび」

へと変質してしまいかねないのである。そうして、へたをすると、学生から勉強の楽しさ、自発性、真の意欲を奪い取り、ほめられるために教師や周りの人たちの評価ばかりを気にするようになってしまう。もしそうなってしまったら、それは明らかに失敗である。

　形式的にチェックできる箇所を網羅すると、次のようになる。
- ①⟶②
- ②⟶③
- ③をもとに⑤を結論すること
- ①⟶④
- ④をもとに⑤を結論すること
- 対立評価

対立評価は、主張が「ほめるべき」であるから、「ほめなくともよい」を導くような論証を立てればよい。より強く「ほめてはいけない」を導く論証を立ててもよいが、反論のためには、そこまで強く主張する必要はない。

　さて、前問のときにも述べたが、以下の解答例はあくまでも一例にすぎない。また、これらは可能な反論であり、それが説得力をもちうるかどうかは、別問題である。

　[解答例]「①⟶②」(ほめられるとお世辞と分かっていても、うれしい) に対する反論：それはほめ方にもよるし、人にもよる。お世辞と分かるようなほめ方でもうれしいかどうかは人によって異なるだろう。また、本心からではなく、「教育的配慮」からほめていると分かったときには、うれしく感じないかもしれない。

　「②⟶③」(ほめられてうれしく感じると、がんばろうという意欲がわく) に対する反論：そこで生じる「意欲」は「またほめられよう」という意欲であって、その活動自身に対する「勉強をがんばろう」といった自発的な意欲ではない可能性がある。

　③をもとに⑤を結論することに対する反論：ほめられることによって生じる意欲が「またほめられよう」という意欲にすぎないのであれば、たんに教師にほめられようとする学生を育てる結果になるおそれがあるので、ただやみくもにほめればよいというわけにはいかない。

　「①⟶④」(ほめられると、こんなふうにやればよいと分かる) に対する反論：そこで分かるのはただ「どうすればほめられるか」であって、そのようにすることがどうしてよいことなのかが理解できていないかぎり、どうするのがよいのか

が本当に分かったとは言えない。

④ をもとに ⑤ を結論することに対する反論：たんにどうすればほめられるかが分かっただけで、どうしてそれがよいのかが分からないままだとすると、「どうすればよいのか」に対する理解は表面的なものにとどまり、むしろ学生の活動から柔軟性や創造性を失わせる結果になりかねない。もしそうであるならば、ただやみくもにほめればよいというわけにはいかない。

対立評価：勉強やスポーツといった活動そのものの意義や喜びを学生が十分に感じ取っていれば、とくに教師がほめてやる必要はない。さらに言えば、ほめることによって、ほめてもらうためにそうした活動を行なうようになる危険性があり、それゆえ、むしろほめるべきではないとも言える。むしろ重要なことは、ほめることではなく、学生が達成感を感じ、喜びを覚えているときに、ともに喜ぶことだろう。

問3　(1) 論証図

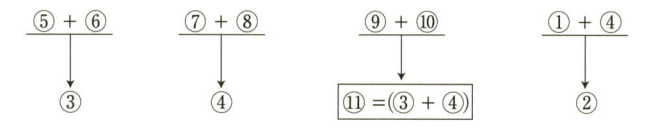

```
⑤ + ⑥        ⑦ + ⑧        ⑨ + ⑩           ① + ④
  ↓             ↓             ↓                ↓
  ③             ④         ⑪ =（③ + ④）         ②
```

(2)　・根拠⑤「恋をしている者は自分の意志で行動できない」に対する反論：恋する者の方が相手を気づかい慎重に行動するかもしれない。また、自分がコントロールできなくなるほど激しい恋愛感情ばかりではない。

・根拠⑥「自分の意志で行動できない相手に身をまかせるべきではない」に対する反論：たとえ激しい感情に動かされて行動しているとしても、自分のしていることが分からなくなっているわけではない。その点では酒に酔って訳が分からなくなっている者とは異なる。それゆえ、むしろそのような激しい情熱をもった相手に身をまかせてもよいと考えることができる。

・導出「(⑤ + ⑥) ⟶ ③」に対する反論：演繹なので反論できない。

・根拠⑦「自分の意志で自由に君を求める相手に身をまかせるべき」に対する反論：相手を選ぶには、他にもさまざまな基準がある。たとえば、私のことを好きな相手、私が好きな相手、あるいは誠実なひと、やさしいひと、金持ち、等々。それらのどれが望ましい基準かはまだ議論の余地があるし、ひとによって相手を選ぶ基準はさまざまでよいという考えもありうる。

・根拠⑧「冷静に君を求められるのは君を恋していない者だ」に対する反論。恋をしていなくとも、他の事情で冷静さを欠くことはありうる。激しい性欲にコントロールを失うかもしれない。そもそもこのような議論で相手をくどけると考えていること自体、冷静さを欠いているとも言える。

・導出「(⑦+⑧) ⟶ ④」に対する反論：演繹なので反論できない。

・根拠⑨「より多くの人々から相手を選ぶべき」に対する反論：恋愛においてただ数だけを考えるのは無意味。基本は自分が好きかどうかであり、それは数多くから選ばれたかどうかとは関係がない。

・根拠⑩「君に恋している者より恋していない者の方が圧倒的に多い」に対する反論：これだけとれば一般的にはそのとおりだろうが、ただ恋していない者というのではなく、ここで問題になっているのは「君に恋してはいないが、君を求める者」であるから、その場合にはむしろ数が少なくなる可能性が出てくる。

・導出「(⑨+⑩) ⟶ ⑪」に対する反論：ここには単純なまちがいがある。より多くの人々から選ぶべきならば、私に恋していない者だけからではなく、私に恋している者も含めた全体から選ぶべき。

・根拠①「ぼくは君に恋している者ではない。」：反論できない。

・導出「① ぼくは君に恋している者ではない＋④ 君に恋していない者に身をまかせるべき ⟶ ② 君はぼくに身をまかせるべき」に対する反論：かりに君に恋していない者に身をまかせるべきだとしても、君に恋していない者のすべてに身をまかせるべきとまでは言っていない。それゆえ、とくに「ぼく」に身をまかせるべきという結論は出てこない。

・対立評価：(1) 互いに恋愛感情を抱いている相手に身をまかせる方がより大きな喜びが得られる。だから、自分のことを恋していない相手ではなく、自分に恋している相手に身をまかせるべき。

(2) 恋愛の一部として、まさに「身をまかせる」ということがあるので、私に恋している相手に身をまかせてはいけないというのはナンセンス。恋愛しているならば、その中で相手に身をまかせることを考えるのは自然なことである。

(3) 冷静さをまったく失うような激しい恋愛ばかりではない。そのような激しい恋愛感情に突き動かされているときには、なるほど慎重になった方がよいかもしれないが、ふつうの恋愛は計算も働き、相手のことも気づかい、自分の意志で行動しているので、問題文の主張者が言うような心配は無用である。

練習問題7

問1 ［解答］
(1) (a) 太郎は正直でも嘘つきでもない。　(b) 太郎は嘘つきだ。
(2) (a) 日本経済は破綻するかもしれないし、破綻しないかもしれない。
　　(b) 日本経済が破綻するはずがない。（日本経済は破綻しないはずだ。）

問2 ［解答］ 論理学を勉強するということは、してもしなくてもよいなどというようなものではなく、勉強すべきか、あるいは勉強すべきではないのか、どちらかにきっぱり分かれるものだ。

問3 (1) ［解答］ 性的要因によっても経済的要因によっても説明できないことがらがある。
(2) ［解答］ このアパートの人は全員、犬を飼っていないか、猿を飼っていないか、キジを飼っていないかのいずれかだ。
(3) ［解説］ 少し細かい注意が必要。「論理学か哲学のどちらか一方はとっていない」のような言い方をすると、一方の科目はとっていないが、もう一方の科目はとっているように聞こえる。しかし、「論理学と哲学の両方をとっている」の否定には、両方ともとっていない場合も含まれる。その点を配慮して表現に気をつけたい。
　［解答］ 太郎も次郎も、論理学か哲学の講義の少なくともどちらか一方はとっていない。

問4 ［解説］「倫理学者の中には倫理的でない者がいる」の内容は、「倫理学者であり、かつ、倫理的でない、そういう人がいる」ということに等しい。しかし、(b)は「倫理的でない者は倫理学者ではない」と主張しており、つまりAが主張するような人はいないという主張に等しい。すなわち、(b)はAの否定である。
　また、A「倫理学者の中には倫理的でない者がいる」は(a)「倫理学者の中には倫理的な者がいる」ということを排除しない。
　(c)「倫理的な者はすべて倫理学者である」と主張することは、倫理的でない者について何も述べていない。だから、これはAと両立する。たとえば、「倫理的な

者」を「カラス」におきかえ、「倫理学者」を「鳥」におきかえ、(c)に対応する「カラスはすべて鳥である」とAに相当する「鳥の中にはカラスでないものがいる」を作ると、両立可能ということは明らかだろう。

[解答] (1) (a)(c)　　(2) (b)

問5　[解説]　(b)はAと両立不可能な主張だが、強すぎる。
[解答]　(1) (a)　　(2) (c)

問6　[解説]　問題(4)は、実はただの冗談である。「全員に名刺を配る」を論理学のようにほんとうに「全員」ととると、もらっていない人の存在は反例となるから、このAとBは両立不可能である。もちろんこれで正解にしていただいてよい。しかし、「全員に名刺を配る」というとき、自分にまで配る人がいるだろうか。つまり、「全員に名刺を配る」とは「自分以外の参加者全員」という意味である。とすれば、その意味で「全員に名刺を配った」としても、一人だけ、その名刺をもらわなかった人がいる。本人である。そして誰あろう、それこそBである。つまり、Bは自分以外の全員に名刺を配ったのだが、誰からも名刺をもらわなかったのである（寂しい）。というわけで、そのような場合がありうる以上、AとBの主張はともに正しいという可能性がある。まじめに考えて悩んでしまった人には、お詫び申し上げたい。

[解答]　(1) Bの主張が成り立っているとしても、太郎が家にいて、次郎が家にいない場合には、花子が家にいても、Aの主張と矛盾しない。それゆえ、Bの主張はAの主張と両立可能。

(2) おまえらは全員腰抜けだと言われているのに対して、Bは自分はその反例であると主張している。それゆえ、Bの主張はAの主張と両立不可能。

(3) Aは「弁当を食べた者がいる」と言っているだけで、それがBだとは言っていない。それゆえ、自分は違うと言っているBの主張はAの主張と両立可能。

(4) Bが、自分以外の全員に名刺を配ったが、B自身は誰からも名刺をもらわなかったとすれば、Bの主張はAの主張と両立可能となる。

(5) Aの主張は「誰でも誰かひとりぐらいは好きな人がいる」と「誰か一人ぐらいからは好かれている」の連言である。そしてBはその一方「誰でも誰かひとりぐらいは好きな人がいる」に反論している。しかも、それは「誰のことも好きではない人もいる」というもので、「誰でも誰かひとりぐらいは好きな人がいる」の否定

になっている。それゆえ、Bの主張はAの主張と両立不可能。

練習問題8

問1　［解説］「徒歩か自転車で来られる学生だけが大学に来ていた」ということは、それ以外の学生は大学には来ていなかったということに等しい。つまり、②である。さらに、②の対偶をとると、④になる。ここで、徒歩か自転車で来られる学生の全員が大学に来ていたとまでは主張されていないことに注意。
　　［解答］　②と④

問2　［解答］
(1)　逆：飛べないが泳げるものはペンギンである。
　　裏：ペンギンでないならば、それは飛べるか、あるいは泳げない。
　　対偶：飛べるか、あるいは泳げないかするならば、それはペンギンではない。

(2)　条件構造をもたない。

(3)　逆：上海亭も来々軒も休みならば、その日は祝日だ。
　　裏：祝日でないならば、上海亭か来々軒のどちらかが休みではない。
　　対偶：上海亭か来々軒のどちらかが休みではないならば、その日は祝日ではない。

問3　［解説］(1)「ロブスターにはハサミがある」から「ハサミがあるならばロブスターだ」を導くところがまちがい。ハサミがあるというだけであれば、それはカニかもしれない。——けっこう多くの人がこの推論を正しいと判断したのではないだろうか。そしてこの解説を見て、なんだかフェアではないような釈然としない気持ちになったのではないだろうか。「誰もカニの話なんかしてないじゃん」というわけである。たしかに、イセエビとロブスターの区別が話題になっているのだから、カニである可能性など考える必要はないとも言える。だから、ふだんの会話で、こういう論理的可能性を言い立てるのは、ただ迷惑でしかない。しかし、常識や関心によって限定され、狭められた枠を破ってみせるのもまた、論理なのである。そのあたりのところ、味わっていただきたい。実際、私自身、この問題を考

えついたときに何かおおいに感じさせられるものがあったのであり、それがゆえに長々とこんな解説をつけてしまったのである。

（2）これも、けっこう多くの人がまちがえたのではないだろうか。むしろ、問題(1)のように、どうしてこれが正しく思えてしまうのかについて考えてみたくなる問題である。ちなみに、「この導出」という言い方があいまいでよろしくない、と批判してきた学生がいたが、シャレに目くじらたてるのも大人気ない。

　［解答］（1）「ロブスターには大きなハサミがある」から「大きなハサミがあるならばロブスターだ」を導くのは、逆を導いてしまったまちがいである。

（2）問題の推論は、「正しい前提から正しい演繹によって導出されたならば結論は正しい」の裏を用いた誤りとなっている。

（3）○

問4　［解答］（1）花子が英会話教室に行かない日を考える。②の対偶より、そのような日には大学の講義はない。さらに①より、大学の講義がないのであれば、太郎は英会話教室へ行く。以上より、「花子が英会話教室に行かない日には、太郎は英会話教室に行く」ということは正しく演繹できる。

（2）①は、大学の講義がある日に太郎が英会話教室に行くかどうかについては何も述べていない。それゆえ、大学の講義がある日に太郎が英会話教室に行く可能性は残されており、そうであれば、②より、大学の講義があるときには花子も英会話教室に行くため、二人ともが英会話教室に行く可能性は残されているということになる。したがって、「花子と太郎がともに英会話教室に行く日はない」と結論することは正しい演繹ではない。

問5　［解説］　条件構造を図示しておくならば次のようになる。

約束守らない ──→ 誠実でない ……①

誠実 ──→ 約束を守る ……①の対偶

有能 ──→（勤勉 かつ 誠実）……②

（勤勉でない または 誠実でない）──→ 有能でない ……②の対偶

わがまま ──→ 約束守らない ……③

約束守る ──→ わがままでない ……③の対偶

（1）「わがまま ──→ 有能でない」は、「わがまま」から出発して③、①、②の対偶を順に用いると、「有能でない」という結論に至る。

(2)「誠実でない⟶わがまま」については、「誠実でない」から出発して、②の対偶を用いれば「有能でない」が出てくるが、これ以上他には何も帰結しない。①の逆と③の逆を用いれば出てくるが、それは逆を用いた誤り。

［解答］ (1) ある人がわがままであるとする。③から、そのような人は約束を守らない。①は「約束を守らない人は誠実ではない」に等しいので、①より、そのような人は誠実ではないと言える。さらに、②の対偶をとると、「勤勉ではないか、または、誠実ではないような人は、有能ではない」となるから、誠実ではない人は有能ではないと言える。以上から、「わがままな人は有能ではない」と正しく演繹できる。

(2) ①は誠実でない人については何も述べていない。誠実でないことから帰結を導けるのは②の対偶だけであり、②の対偶を用いると誠実でない人は有能ではないと分かる。しかし、有能ではないことからさらに帰結を導ける条件は存在せず、これ以上演繹は進まない。それゆえ、「誠実でない人はわがままである」は正しく演繹できない。

練習問題9

問1 ［解説］「だけ」に注意して、①の条件構造を図示しておくならば次のようになる。

自分に満足している⟶他人を妬まない ……①

他人を妬む⟶自分に満足していない ……①の対偶

②は「不幸な境遇 かつ 他人を妬まない、そういう人がいる」であり、③は「不幸な境遇ではない かつ 他人を妬む、そういう人がいる」である。これらに①や①の対偶を用いて (1) や (2) を導けるかどうかを調べる。

［解答］ ①は「自分に満足している人は他人を妬まない」に等しい。対偶をとると、「他人を妬む人は自分に満足していない」となる。①を用いても、①の対偶を用いても、「他人を妬まない」ということからは何も導けず、それゆえ、②と①ないし①の対偶をあわせても何も結論できない。他方、③と①の対偶をあわせると、「不幸な境遇ではないのに自分に満足していない人がいる」が導ける。これは (2) に等しい。したがって、(2) は正しく演繹できる。①-③からは他の帰結は導けないので、(1)は正しく演繹できない。

問2 ［解説］ 条件構造を図示しておくならば次のようになる。

(動物好き かつ 植物好き) ⟶ 自然愛する ……①

自然愛さない ⟶ (動物好きでない または 植物好きでない) ……① の対偶

都会好き ⟶ 自然愛さない ……②

そして導きたい結論は、

(都会好き かつ 動物好き) ⟶ 植物好きでない ……③

［解答］ ある人が都会の喧騒を好み、かつ、動物好きであるとする。② より、都会の喧騒を好む人は自然を愛さないので、その人は自然を愛さない。

また、① の対偶より、自然を愛さない人は、動物好きではないか、または植物好きではない。しかし、いま仮定している人は、動物好きであるから、消去法より、植物好きではないと言える。

以上より、都会の喧騒を好み、動物好きな人は、植物好きではないと結論できる。

問3 ［解説］ ①「赤目も青目も大きな目」は、「ある生物が赤目であるかまたは青目であるならば、それは大きな目だ」に等しく、「赤目かつ青目ならば大きな目」ではない。

そこで、① と ② の条件構造を図示しておくならば次のようになる。

(赤目 または 青目) ⟶ 大目 ……①

大目でない ⟶ (赤目でない かつ 青目でない) ……① の対偶

(大目 かつ 大耳) ⟶ 長い手足 ……②

長い手足でない ⟶ (大目でない または 大耳でない) ……② の対偶

③ は次の存在文に等しい。

(大きな耳 かつ 長い手足ではない) そういう生物がいた ……③

［解答］ (1) 正しく演繹できない。

ある生物が手足が長くなかったとしよう。手足が長くないことから帰結を導けるものは ② の対偶だけであり、② の対偶を用いれば、手足が長くない生物は大きな目をもたないか、または大きな耳をもたないかである。大きな目をもたない生物は、① の対偶から、赤い目でも青い目でもないと分かる。しかし、大きな耳をもたない生物である場合には、それ以上何も結論できず、目が赤いか赤くないかについては分からない。したがって、(1)は正しく演繹できない。

(2) 正しく演繹できる。

③は「大きな耳 かつ 長い手足ではない、そういう生物がいた」という存在文に等しい。(1)で検討したことから、長い手足ではない生物で、しかも大きな耳である生物は、大きな目をもたず、それゆえ①の対偶より、赤い目でも青い目でもないと分かる。したがって、「大きな耳であり、かつ、赤い目でも青い目でもない、そういう生物がいた」と言える。これは(2)に等しい。

問4 ［解答］「哲学者はすべて非現実的だ」から「哲学者でない者は現実的だ」という裏を導いた誤り。

問5 ［解答］ 帽子屋が嘘をついていないと仮定する。そのとき、三月ウサギと眠りネズミは嘘ばかりついていることになる。しかし、三月ウサギが嘘をついているのだとすると、眠りネズミは嘘ばかりついているわけではないことになる。矛盾。それゆえ仮定は否定され、帽子屋は嘘をついていると結論できる。

問6 ［解説］ 条件構造を図示しておくならば次のようになる。ただし、犯人であることを○、犯人でないことを×で表わす。

中禅寺は嘘をついていない ⟶ (関口○ または 木場○) ……①
(関口× かつ 木場×) ⟶ 中禅寺は嘘をついている ……①の対偶
中禅寺は嘘をついている ⟶ 中禅寺○ ……②
(中禅寺○ または 榎木津○) ⟶ 関口○ ……③
関口× ⟶ (中禅寺× かつ 榎木津×) ……③の対偶
(関口× かつ 木場○) ⟶ 榎木津○ ……④
榎木津× ⟶ (関口○ または 木場×) ……④の対偶

ここで背理法の仮定として、関口は犯人ではないと仮定する。ここから矛盾を導くやり方にはいくつかあるが、解答例はそのひとつを示しておく。とにかく、まず関口が犯人ではないことと①-④およびその対偶を用いて何が言えるのかを調べる。次に、そこで言えたことからさらに何が言えるのかを調べる。こうして導けるだけの帰結を出し、そこに矛盾した帰結が含まれないかどうか調べるのである。

　［解答例］ 関口は犯人ではないと仮定する。
　③の対偶より、そのとき、(a)中禅寺は犯人ではなく、かつ、(b)榎木津も犯人ではない。
　(a) 中禅寺が犯人ではないことから、②の対偶を用いて、中禅寺は嘘をついて

いないと言える。

　中禅寺が嘘をついていないのであれば、①より、関口が犯人か、または木場が犯人。ところが仮定より関口は犯人ではないとしているので、木場が犯人。……⑤

　(b) また、榎木津が犯人ではないことから、④の対偶を用いて、関口が犯人であるか、木場は犯人ではないと言える。ここでも、仮定から関口は犯人ではないとしているので、木場は犯人ではない。……⑥

　⑤と⑥は矛盾しているから、最初の仮定は否定され、関口は犯人であると結論できる。

練習問題 10

　問 1　[解説]　批判につながるような質問をするという点に注意。たとえば、「中国語を高いレベルとするのはどうしてか」という質問をしたとしても、中国語を当時の日本語より上に置いているのは問題文の議論の中心ではないから、少し的をはずしている。あるいは、「中国語が入る前の日本語はどうなっていたのか」という質問をすると、別の話になってしまい、これも論点をぼやけさせる。一般に、関連はするがそこで論じられているのではないことについての質問（「ないものねだり」）は議論を進めていく上では控えた方がよい。

　[解答例]　質問①：「言葉が具体的な語から抽象の過程を経て一般的な概念へと成長する」とはどういうことか具体的に説明してほしい。また、こう主張する根拠は何か。

　質問②：「抽象的な概念を具体的なイメージに置きかえる」とはどういうことか。

　質問③：「抽象名詞を理解するには、それを具体的なイメージに置きかえる方法しかない」と言われるが、どうしてそれしかないと言えるのか。

　質問④：「抽象語を具体的なものに翻訳して理解する」ということが、どうして抽象から具体へというコースをたどることを意味するのか。それは抽象的な中国語を具体的な日本語に基づいて理解することであり、むしろ具体から抽象へという方向ではないのか。

　質問⑤：翻訳の問題がどうして「ものの考え方」の問題になるのか。

　質問⑥：漢語の使用は一部の人たちの問題と思われるが、それが「日本人のものの考え方」とみなされるのはなぜか。

問2　［解説］「批判Bはたんなる異論にすぎない」と言いたくなるかもしれないが、次の解答例で分かるように、実は批判Bは異論にもなっていない。

［解答例］　校則という形での規制の是非が問題であるのに、下らない校則があることを指摘したのでは批判にならない。たんに校則をよいものにしようとか、よい校則もある、と答えられるだけである。

問3　［解説］「江戸時代のことを引き合いに出しても現代には関係ない」と解答したひともいるかもしれないが、この議論において、江戸時代だから無関係ということはない。もっと明確な論証の欠陥がある。

［解答例］　美人コンテストは女性差別を助長すると主張しているのであって、女性差別が美人コンテストを生むとは言っていない。それゆえ、江戸時代には女性差別があったが美人コンテストはなかったと言われても、もし美人コンテストがあったらもっと女性差別はひどくなっただろう、と答えられるだけである。

問4　［解答例］「言葉や行為が相手にどのような感情をもたらすかは主観的」と言われる。しかし、主観的だからといってそれが許されるということになるわけではない。主観的という意味では、恐喝を恐れるかどうかや名誉毀損などもある程度主観的であると言える。

「本人にはけっして嫌がらせの意識はない」という点も問題にされているが、本人にその意識がなかったとしても、結果に対して責任をとらねばならない場合もある。過失致死などは、本人には殺人の意図はなかったのだが、罰を受けねばならない場合である。

セクハラを法的に規制することが言葉狩りであるとして、そこからセクハラを法的に規制すべきではないという結論を出そうとしているが、ある種の言葉を公的な場所で控えるよう規制することが必要になる場合もあるだろう。少なくとも、すべての規制をよくないものと結論するにはなお議論が必要である。

問5　省略

注

　本書の問題文において、多くの文章を利用させていただいた。まずそのことを記して感謝したい。
　文章をそのまま引用した場合には以下の注において「……による」と記し、問題文作成にあたって変更を施した場合には「……に基づく」と記し、論点だけを借りて文章は作り直した場合には「……を参考にした」と記した。
　なお、以下の注において私はかなりよけいなことも書いている。本書を授業で使う場合、学生諸君はそのほとんどを無視してかまわない。教師は適当に取捨選択して読み、授業の味付けにでも使っていただければ幸いである。一般の読者は、実のところ、これらよけいなことは私がずいぶんと楽しみながら書いたものであるから、気持ちにゆとりをもって、ぜひ私とともに脱線や寄り道を楽しんでいただけないかと、私としてはひそかに思っている。

序論　論理とは何か

（１）　井上栄『感染症の時代』（講談社現代新書）に基づく。

I　接続の論理

（２）　たとえば、谷崎潤一郎の『文章読本』では次のように言われている。「現代の口語文が古典文に比べて品位に乏しく、優雅な味わいに缺けている重大な理由の一つは、この「間隙を置く」、「穴を開ける」と云うことを、当世の人たちがあえて為し得ないせいであります。彼等は文法的の構造や論理の整頓と云うことに囚われ、叙述を理詰めに運ぼうとする結果、句と句との間、センテ

ンスとセンテンスの間が意味の上で繋がっていないと承知が出来ない。（中略）ですから、「しかし」とか、「けれども」とか、「だが」とか、「そうして」とか、「にも拘（かかわ）らず」とか、「そのために」とか、「そう云うわけで」とか云うような無駄な穴填めの言葉が多くなり、それだけ重厚味が減殺（げんさい）されるのであります。」（谷崎潤一郎『文章読本』（中公文庫）、208ページ）まさしく、本書はこれと正反対の立場をめざすものにほかならない。

（3）　一例を挙げてみよう。――「英国のチャアチルは一生酒を飲み続けて体中の細胞がアルコオル漬けになつて病気になりたくても菌を寄せ付けず、それで長寿を全うしたといふ話がある。呉市で作るやうな奈良漬けにもその旨味がある。」（吉田健一『私の食物誌』（中公文庫））――チャーチルについての主張と奈良漬けについての主張の接続関係は不明であり、指示詞「その」も何を指すのやらよく分からない。しかしここには、俳句で異質なふたつのものを強引に結びつけて独特の効果を生むときのような、職人的な文章づかいがある。これはもう、論理的表現の領域ではない。そして、これはこれできわめて重要な日本の言語文化なのである。

第1章　さまざまな接続関係

（4）　一点補足しておこう。ある主張Aに対して、その根拠Bを示すとき、そこには二種類の根拠づけがある。ひとつはAと主張できることの根拠であるが、もうひとつはAであることの理由である。たとえば、「花子は君のことが嫌いらしい」と言われ、「どうして？」と尋ねる。この「どうして？」はあいまいである。ひとつの答え方は、「だって、このまえ彼女がそう言っていたもの」といったものだろう。そしてもうひとつの答え方は、「理屈っぽい男は嫌いなんだってさ」といったものである。根拠づけの仕方がまったく異なっている。前者は「花子は君のことが嫌いだ」と主張する根拠であり、後者は花子が君のことを嫌いな理由である。ここでは一括して「根拠」として扱うが、きちんと区別することは重要である。

（5）　「ので」と「から」の違いを考えてみることは興味深い。次のような問題を考えてみることを通して、日本語の接続構造の微妙さに敏感になってほしい。

> **問題** 次の二つの文の意味の違いを説明せよ。
> （a）彼は金があるので遊びに行ったのだろう。
> （b）彼は金があるから遊びに行ったのだろう。

（例文は森田良行『基礎日本語辞典』（角川書店）による）

　この問題の解答は注24に示しておこう。
（6）　八木誠一『キリストとイエス』（講談社現代新書）に基づく。
（7）　実は、解説をすることと帰結を導くこととの間には多少微妙な関係がある。後にまた演繹を主題的に扱うところで述べるが、厳格な論理的推論、すなわち演繹では、結論は根拠となる主張に含まれている意味内容を取り出してきたものにほかならない。たとえば、「太郎は独身だ」から「太郎は結婚していない」を導くのは演繹であるが、ほとんど言い換えという感じもする。逆に、「A」から「B」への正しい言い換えは、Aを認めればBも必ず認めねばならないという意味で、正しい演繹になっている。それゆえ、言い換えの「すなわち」が用いられるところでは、「だから」を用いることもつねに可能になる。しかし、「だから」と「すなわち」によって作られる議論の構造は同じものではない。「だから」は、帰結を導いて議論を先に進めようとしており、言い換えの「すなわち」はいま述べたことを別の言葉で再確認しようとしている。「だから」と「すなわち」の使い分けは、つまるところこのような議論の流れ、勢いをとらえることなのである。
（8）　中根千枝『タテ社会の人間関係』（講談社現代新書）に基づく。
（9）　もちろん、付加の接続関係を表現するのでないような「むしろ」の使い方もある。たとえば、「お姉さんよりむしろ妹の方がしっかりしている」というような「むしろ」は姉と妹を比較しているのであって、論点の付加があるわけではない。
（10）「むしろ」と「したがって」や「だから」といった帰結を導く接続表現の関係はなかなか微妙なものをもっている。次を比較してみよう。
　（a）葉書の宛名をパソコンで印刷するのは好きではない。［むしろ／だから］私は手書きで書くのが好きだ。
　（b）葉書の宛名をパソコンで印刷するのは好きではない。［むしろ／だから］私は手書きで書いている。

（a）には「むしろ」が入り、（b）には「だから」が入るところだろう。どうし

てこのような違いが生じるのか。よかったら考えてみていただきたい。私自身の考えは注25に書いておく。

(11) 転換におけるAとBの対立のあり方は必ずしも単純ではない。次を比較していただきたい。

(a)この店は高いが、うまい。

(b)この店は安いが、うまい。

どちらも言えるところが面白い。つまり、(a)と(b)は対立させられているものが異なるのである。(a)では、「高い」ということが含む否定的評価と「うまい」ということが含む肯定的評価が対立させられている。それに対して(b)は、「安い」ということから当然生じるであろう「うまくない」という予想に、「うまい」ということが対立させられている。このように、AとBが直接対立させられる場合だけではなく、Aから予想される帰結とBないしBから予想される帰結とが対立させられる場合もある。

(12) 「たしかに」と譲歩するときと「もちろん」と譲歩するときのニュアンスの違いというのも、興味深い話題である。たとえば、次の文章において「たしかに」と「もちろん」のどちらが適当かを考えてみていただきたい。

レーガン大統領（第40代アメリカ合衆国大統領）は、最初にカナダから酸性雨の越境汚染の抗議がきたときに、「大気中の酸性物質はほとんど火山の噴火によるものだ」と反論する始末だった。［たしかに／もちろん］、火山や海洋からも硫黄酸化物は出てくるが、人間活動に伴うものの方がケタ違いに多い。（石弘之『酸性雨』（岩波新書）に基づく。）

「たしかに」と譲歩するときには、相手を立てているニュアンスがある。他方、「もちろん」と譲歩するときには、常識を踏まえている感じになる。その観点から見るならば、いまの文章では「もちろん」を使うところだろう。「たしかに」などと言って相手を立てるのではなく、「もちろんそんなことは常識だが」と言って相手をコケにしたいところである。

(13) 加島祥造『会話を楽しむ』（岩波新書）に基づく。

(14) 渡辺洋三『法とは何か』（岩波新書）を参考にした。

(15) 渡辺武信『住まい方の演出』（中公新書）による。

(16) 別冊宝島編集部編『「謎」「なぜ？」を科学する』（宝島社文庫）を参考にした。

(17) 鈴木淑夫『日本の金融政策』（岩波新書）に基づく。なお、「財政政策」や「金融政策」、あるいは「変動相場制下の経常収支」といったことが正確にどうい

うことを意味しているのかは、さしあたりよく分からなくともかまわない。全体がどのような流れをもっているのか、ともかくまずそれを把握すること。すなわち、それぞれの主張の方向と、その主張に与えられた重みを的確にとらえることである。そのための手がかりは十分に与えられている。

(18) 和辻哲郎『風土』(岩波文庫)に基づく。

(19) 友枝敏雄・竹沢尚一郎・正村俊之・坂本佳鶴惠『社会学のエッセンス』(有斐閣)による。

(20) 河瀬誠『戦略思考のすすめ』(講談社現代新書)に基づく。

(21) 柏木博『「しきり」の文化論』(講談社現代新書)による。

(22) 玉手英夫『クマに会ったらどうするか』(岩波新書)による。

(23) 三嶋博之『エコロジカル・マインド』(NHKブックス)を参考にした。

(24) 注5の問題の解説：実は、(a)と(b)では、「だろう」のかかり方がまったく違うのである。たとえば「金があるからだろう」という言い方は自然だが、「金があるのでだろう」という言い方は不自然に響く。そもそも「ので」が「のだ」に由来し、断定の力をもつからである。断定の力をもつ「ので」に推測の「だろう」をつけるから、ちぐはぐな印象になる。そこで(a)「金があるので遊びに行ったのだろう」を見るならば、まず金があることが断定され、その事実を根拠に「遊びに行ったのだろう」と推測されている。他方(b)「金があるから遊びに行ったのだろう」はまったく逆であり、彼が遊びに行ったことが既知の事実となり、その根拠を推測して「金があるからだろう」と言われる。(a)と(b)では、既知の事実と推測されたこととが正反対なのである。

　うんざりされると困るのだが、もう少し検討してみたい。私はここで次のような文を考えてみた。

　　彼女は聞き上手なのでお年寄りに好かれるのだろう。……(c)
　　彼女は聞き上手だからお年寄りに好かれるのだろう。……(d)

正直に言って、あまり違いが感じられない。なぜだろうか。これも、よろしかったら考えてみていただきたい。私の個人的な考えは注26に書いておく。

(25) 注10の続き：以下、私の個人的な考えを書いてみる。残念ながら、これが正解である自信はまだない。一応参考にしてみていただきたい。

　(a)と(b)のような違いが生じるのは、その背後にある「AかBか」という選択肢がどれほど網羅的かによると考えられる。「AかBか」という選択肢が網羅的で、第三の選択肢Cが常識的に考えてあまり思いつかないような場合に

は、「AかBか」と「Aではない」からBが結論されることになる。このような場合には、「だから」を用いて不自然ではない。

しかし、「AかBか」という選択肢があまり網羅的ではなく、AでもBでもない第三の選択肢Cが常識的に考えてもすぐに思いつくような場合には、「AかBか」と「Aではない」からBを結論しようとしても、Cでもいいじゃないかと言われてしまうだろう。そのような場合には、Aを否定したあとに積極的にBを選び取ることで新しい情報が付けたされる。つまり、その場合には、「だから」ではなく、付加の「むしろ」を用いることになる。

そこで(a)「葉書の宛名をパソコンで印刷するのは好きではない。むしろ私は手書きで書くのが好きだ」を見ると、「葉書の宛名を印刷するのが好きか、さもなくば手書きで書くのが好きだ」というのは、ふつうに暗黙の前提とされるようなことがらではない。「どっちも嫌いだ」というのはごくふつうの選択肢として考えられるだろう。そこで、「手書きが好きだ」と主張することは、情報の付加となる。

それに対して、(b)「葉書の宛名をパソコンで印刷するのは好きではない。だから私は手書きで書いている」は、まず「印刷は好きではない」から「印刷はしない」が導かれ、そこに暗黙の前提「葉書の宛名は印刷するか手書きで書くかだ」が働いて、「だから手書きで書く」と結論されるものとなっている。この場合の暗黙の前提は「葉書の宛名は印刷か手書きかどちらかだ」というものであり、これはかなりふつうに認められるものだろう。

(26) 注24の続き：以下、私の個人的な考えを書いてみよう。(c)「聞き上手なのでお年寄りに好かれるのだろう」と(d)「聞き上手だからお年寄りに好かれるのだろう」において、彼女は聞き上手だということと、彼女がお年寄りに好かれるということはともに既知の事実になっている。そして、推測されているのは、聞き上手であることが年寄りに好かれることの理由になっているだろうということ、つまり、その理由関係が推測されているのである。これは(a)「金があるので遊びに行ったのだろう」とも(b)「金があるから遊びに行ったのだろう」とも違っている。(a)では、金があることが既知の事実であり、遊びに行ったということが推測されていた。また、(b)では、遊びに行ったということが既知の事実であり、金があるということが推測されていた。ここに、(a)と(b)の、正反対と言ってもよい違いが現われている。ところが(c)と(d)では、聞き上手ということも年寄りに好かれるということも既知の事実であり、それ

を理由関係でつなぐことが推測されている。それゆえ、ここには少なくとも(a)と(b)で現われていたような違いは現われえないのである。(a)のタイプは、「AなのでB（だろう）」と書ける。(b)のタイプは、「(Aだろう)、だからBなのだ」と書ける。それに対して(c)のタイプは「(AなのでB)なのだろう」と書け、(d)のタイプは「(AだからB) なのだろう」と書ける。このことが、(c)と(d)にはほとんど違いが感じられないことの理由ではないだろうか。

第2章　接続の構造

(27)　「天声人語」による。これは、大出晁『日本語と論理』（講談社現代新書）の例文を利用した。なお、大出はここにおける「それには」が指示する内容を「無知なのにあきれないために」ととらえているが、それは必ずしも正確ではないと思われる。参考書や世界史年表をもっていたって、自分の無知にあきれることにかわりはないだろう。

(28)　山崎正和『日本文化と個人主義』（中央公論社）による。

(29)　伊藤笏康『科学の哲学』（放送大学教育振興会）に基づく。

(30)　尼ケ崎彬『ことばと身体』（勁草書房）に基づく。

(31)　山口昌伴『図面を引かない住まいの設計術』（王国社）に基づく。

(32)　唐津一『販売の科学』（ＰＨＰ文庫）に基づく。

(33)　村田純一『知覚と生活世界』（東京大学出版会）に基づく。

(34)　村瀬学『なぜ大人になれないのか』（洋泉社）に基づく。

(35)　森永卓郎『日本経済50の大疑問』（講談社現代新書）に基づく。

第3章　議論の組み立て

(36)　大出晁『日本語と論理』（講談社現代新書）で使用されていた例文（朝日新聞社説）を、さらに改悪した。

(37)　「が」の危険性について詳しく述べたものとして、清水幾太郎『論文の書き方』（岩波新書）を参照されたい。

(38)　中谷宇吉郎『科学の方法』（岩波新書）に基づく。なお、論理トレーニングとしては関係ないことだが、原文のこのあともとてもおもしろいので、ちょっと紹介しておく。糸の長さを湿度の関数として測ってみると、だんだん湿らせ

ていく場合とだんだん乾かす場合とでは同じ湿度の状態でも長さが異なる、というのである。つまり、物理現象の場合にも、過去の履歴が関わってくるというわけである。(磁場中で磁石を作るときなどの場合に知られている、いわゆる「ヒステリシス」という現象の一種である。)

(39) 柳父章『翻訳文化を考える』(法政大学出版局) に基づく。
(40) ニュー・サイエンティスト編集部編 (金子浩訳)『また、つかぬことをうかがいますが…』(ハヤカワ文庫) を参考にした。
(41) 長谷川晃・角田猛之編『ブリッジブック法哲学』(森村進執筆第9章) (信山社) に基づく。
(42) 河野友美『まちがい食品学』(中公文庫) と日本味と匂学会編『味のなんでも小事典』(講談社ブルーバックス) を参考にした。ちなみに、冷凍したものは解凍しても乳酸が生じることがないため、解凍後しばらくして身がしまってくるといったことはないそうである。
(43) 矢野宏『誤差を科学する』(講談社ブルーバックス) を参考にした。
(44) 今井道夫『生命倫理学入門』(産業図書) を参考にした。
(45) 町田健『まちがいだらけの日本語文法』(講談社現代新書) を参考にした。

II 論証

(46) 老婆心からの忠告であるが、「なぜそんなことが言えるのか」という問いを友人や家族に向かってみだりに発すると人間関係を損ねるおそれがあるので注意されたい。しかし、なぜ、論証を求めると人間関係が悪化するのだろう。おそらく、ある主張に対して論証を求めると、それは、その主張に疑いを表明したものとして受け取られてしまうのである。そしておそらく、自分の意見を共有してくれない相手をつきあいにくいと感じてしまうのだろう。だとすると、大学の教師もまた、あまり「なぜ」と問うと気を悪くするのかもしれない。しかし大学の教師にはその感情を克服する義務があると私は思う。——余分な注ではあった。

第4章 論証の構造と評価

(47) この論証がそうであるように、誤った前提から正しく導出して、正しい結

論が得られることもある。ときに、「誤った前提から論理的に正しく結論を導くと結論は必ず誤ったものとなる」などと言われることがあるが、誤解である。

(48) 根拠となる主張のタイプを分類し、それに対する反論の仕方を考えるというテーマは重要であるが、ここでその詳細を展開することは得策ではないと判断した。最初は、「根拠の適切さに関する評価はケース・バイ・ケースである」と一言で済ませようかと考えていたほどである。その当初の意図からすれば、ここの説明は少し書き込みすぎたきらいがある。授業ではぜひ簡単にすませ、むしろ、導出の関連性の方により多くの時間を費やしていただきたい。なお、中途半端に書き込んだため、重要な問題が展開されないままになっているという印象をもつ人も出てくるだろう。しかし、だいじなポイントはこの後も折にふれて扱うことになるので、そうした箇所で立ち入って検討してほしい。

(49) 論証を扱った文献のほとんどにおいて「権威による論証」は誤りであると指摘されている。だが、必ずしもそうではない。権威による論証なしにいちいち自分で確認するのでは、手間がかかってしょうがない。ある範囲で権威を認めることが、すなわち社会的分業というものである。しかし、権威を認めることと権威に屈することとは異なる。言うまでもないことである。

(50) ひとつのことを補足して強調しておきたい。一般に、提示された根拠はこうしたさまざまな側面を合わせもっている。たとえば、次の主張を考えてみよう。

　例　封建主義がファシズム的体制を意味すると考えるのは、まったくの誤解でしかない。

これはどちらかと言えば「封建主義」という言葉の意味に関わる主張であると考えられる。しかし、この主張者が特定の地域・時代の政治体制をとくに念頭におきつつ主張しているのだとしたら、そこには事実に関する側面が入ってくる。そしてその場合には、事実調査に基づいて反論することにポイントがあることになる。これに対して、主張者が「封建主義」に対するその人なりの意味規定を提案しようとしているのであれば、その意味規定を採用したくない理由を述べて反論することにポイントがあることになる。多くの場合、意味、事実、価値・規範という側面は混在しており、根拠をどう評価することにポイントがあるのかは、その脈絡に応じて判断されなければならない。

(51) 西部邁『マスコミ亡国論』（光文社カッパ・ブックス）に基づく。なお、この例文は香西秀信『反論の技術』（明治図書オピニオン叢書）の例文を利用した。ついでの形で紹介して心苦しいのだが、この『反論の技術』という本は良書で

ある。情熱があり、理論があり、そして実質的な具体例が豊富にある。出版物上に類書の例文を頻繁に利用することは好ましくないと考え、利用はこの1箇所だけにとどめたが、授業でならばおおいに利用できるだろう。授業で論理トレーニングを試みてみようかと考えている人たちにぜひ一読を勧めたい。

(52) こうした問題は、筆記で解答するよりも、グループでディスカッションしてみる方がよいだろう。そうすると思ってもみなかった観点が示されることがある。このトレーニングにおいてなによりだいじなことは、さまざまな観点がありうるということに対する感受性を養うことにある。それゆえ、ディスカッションできない場合でも、学生の解答の中から興味深いものを全員に紹介するようなことをすべきである。

(53) ニュー・サイエンティスト編集部編（金子浩訳）『また、つかぬことをうかがいますが…』（ハヤカワ文庫）を参考にした。

(54) 「A、それゆえB」に反論を試みる問題に対するもっとも無内容な解答は、「AであってもBではないかもしれない」と答えて終わりにするものである。しかし、機械的にこう答えるだけでは何のトレーニングにもならない。AであってもBではないような場合というのは、どういう場合なのか、説明を加えてほしい。とくに、この問題では、ひとつの反論だけで満足せず、「複数の観点から」反論を試みていただきたい。

(55) 相当に長大な論証であるから、授業では無視していただいてけっこうである。ただ私としては、内容的にも興味深いし、これだけ大きな問題というのもなかなか作りがたいということで、旧版から削除するに忍びなかったのである。興味がある読者は挑戦してみていただきたい。パズルをやるような楽しみがあるかもしれない。

(56) 吉田敦彦『昔話の考古学』（中公新書）に基づく。

(57) 野口悠紀雄『「超」整理法』（中公新書）を参考にした。

第5章　演繹と推測

(58) 仮説形成以外にも、いくつかのタイプの推測がある。たとえば、数多くの蛇を観察し、それらがどれも冬眠することから、それを一般化して「すべての蛇は冬眠する」と結論する。このような、個々の事例を証拠として一般的な主張を結論するタイプの推測は「帰納」と呼ばれる。あるいは、aとbが似て

いることを見てとり、aにはFという性質があるので、きっとbにもFという性質があるだろうと考える。このようなタイプの推測は「類推（アナロジー）」と呼ばれる。あるいはまた、「昨夜はフグ料理を食べに行った」などと言えば、「けっこうお金がかかっただろう」と思う。もちろん論理的には安いフグ料理屋があったってぜんぜんかまわないのだが、ふつうフグ料理は高いと考えられる。とはいえ例外がありうるという意味では、これはけっして演繹ではなく、あくまでも蓋然的な推論にとどまるため、推測となる。

　このように推測はいくつかのタイプに分かれるが、本書ではもっともトレーニングに値する構造をもったものとして、仮説形成に話題を限定することにする。

(59)　ここで「説明する」とはどういうことかを論じることは控えよう。それは難しい問題である。少なくとも、「AがBを説明するのは、AがBを演繹するときである」と考えるのは、適切ではない。つまらない反論を言えば、AはAを演繹するが、AがAを説明するとは言えない。それゆえ、AがBを演繹すれば必ずAがBを説明するというわけではない。逆に（こちらの方が重要だと思われるが）、AがBを演繹しなくとも、AがBを説明する場合はごくふつうにあると思われる。つまり、「A。だから、B」が蓋然的な推論になっているような場合である。

(60)　「被説明項」と呼んでもよいが、あまりなじみのない言葉を導入したくないので、多少誤解されるおそれはあるが「証拠」という語を用いることにする。

(61)　自明視されている暗黙の前提に対して「フレーム」という特別の用語を用いてもよいだろう。これは、人工知能などの分野で「フレーム」と言われるものに通じる意味で、「フレーム」と呼ばれうる。まさにフレームと呼ばれるものがそうなのであるが、こうした暗黙の前提は、ほんとうに何がどうあったってあたりまえとしか思えないようなものも含めると、一般に無数にあり、そのすべてを書き出すことはできない。

(62)　下條信輔『まなざしの誕生』（新曜社）を参考にした。

(63)　この仮説はあまりありそうにはないが、念のため、これを排除しようとしたならば、同じような実験環境のもとで、鏡ではなく、ケバケバしく化粧した他のチンパンジーに出会わせて、その反応を見るといったことをすればよいだろう。もしそのときにも、ギョッとして自分の顔をさわりだしたならば、むしろこの仮説の方がもっともらしいものとなる。ちなみに、私などは、目の前の人のズボンのファスナーが開いていたりすると、思わず自分のズボンも確かめ

るというクチである。

(64) 板倉聖宣『科学的とはどういうことか』（仮説社）を参考にした。本来アルコール温度計にはアルコールが用いられていたが、アルコールは78℃程度で沸騰するので、100℃以上測定できる温度計はアルコール温度計と称していても、その中身はアルコールではありえない。では何かと言えば、実は灯油なのだそうである。

(65) 山折哲雄『神と仏』（講談社現代新書）を参考にした。

(66) 平山廉『最新恐竜学』（平凡社新書）を参考にした。

(67) 谷岡一郎『「社会調査」のウソ』（文春新書）で批判されている事例を参考にした。

(68) 渡辺洋三『法とは何か』（岩波新書）に基づく。

(69) 松本修『全国アホ・バカ分布考』（太田出版）を参考にした。論証はずいぶん簡略化してある。ついでにもう一点紹介しておこう。以上のことは、より一般的には、かつて京都を中心として言葉が波紋状に各地に伝わり、それが方言として残ったという仮説を示唆している。柳田國男の方言周圏論である。もしこの仮説がこの場合にあてはまるのであれば、京から西方向に同程度離れた地域にも、「ホンジナシ系語」が残存していると考えられる。そして実際、たしかに南九州に「ホがねー」ないし「ホがなか」という言い方が見出されるというのである。ホンジナシ系語の分布を日本地図上に書き込んでみると、まさしく同心円上に位置し、感銘深いものがある。

(70) ダレル・ハフ『統計でウソをつく法』（高木秀玄訳、講談社ブルーバックス）で批判されている事例を参考にした。

第6章　価値評価

(71) これはほとんど背理法の論証としてとらえることのできるものである。もしこれを背理法としてとらえるならば、②と⑥が不整合を起こしているとみることになる。

　背理法について、他に書く場所もないので、場所柄もわきまえずここでもう一言述べておきたい。背理法が主に使われるのは、数学を含むかなり論理的な推論においてと、価値評価のとくに規範に関わる論証においてであるというのが、私の観察である。しかし、価値評価の場合には、価値基準と不整合である

がゆえに拒否するという論法のみならず、価値基準に適合するがゆえに推奨するという論法もある。そこでとくに背理法としてではなく、本章のようなやり方で扱った。そして、より論理的な推論における背理法については、第Ⅲ部「演繹」で扱う。

(72) 河野友美『「料理・食べもの」ものしり雑学』(三笠書房知的生きかた文庫) を参考にした。

(73) 問題文と解答例の反論において、次を参考にした。伊藤進『ほめるな』(講談社現代新書)。

(74) 香西秀信『論争と「詭弁」』(丸善ライブラリー) を参考にした。もともとは、プラトン『パイドロス』におけるリュシアスの為した議論である。

(75) 武田邦彦『リサイクル幻想』(文春新書) に基づく。

Ⅲ 演繹
第7章 否定

(76) 本論からは逸れるが、この否定表現に関しては興味深い話題がひとつある。「彼は来るはずがない」と「彼は来ないはずだ」という二つの表現はまったく同じことを言っているのかどうか、という問題である。よかったら、考えてみていただきたい。私の答えは注82に記しておく。

(77) 「太郎は花子を好きだ」の否定として「太郎は花子を好きではない」と言ってよいだろうか。私の語感では、「好きではない」と言ってしまうと、かなり「嫌い」に近い感じがする。たとえば、面と向かって「あなたのことが好きではない」と言われたとすれば、やはり穏やかならぬ気持ちになるのではないだろうか。では、「太郎は花子を好きだ」の否定はどう表現すればよいのだろうか。考えてみていただきたい。

(78) ここで、「すべてのSはPだ」という全称文において、Sであるものが存在するということは前提にされている。いまの場合で言えば、「このクラスの学生は全員靴下をはいている」と主張するときには、「このクラスの学生」が少なくとも一人いることが前提にされているのである。これは日常的な全称文の使用に即したものであると考えるが、しかし、現在の標準的な論理学ではこのような解釈はとられていないので、論理学と関係づけながらこの箇所を学ぼうとするときには注意が必要である。現在の標準的な論理学では、「すべて

のSはPだ」と主張したとき、必ずしもSなるものが存在するとはかぎらない。Sなるものが存在しないとき、「すべてのSはPだ」も「すべてのSは非Pだ」も、Sが存在しないというだけで、真であるとされる。こうした理論化にも十分言い分はあるのだが、ここでは日常的な言い方に従うことにする。理由は、その方が実用的だからである。(論理学としては、ここで採用するような、「すべてのSはPだ」という全称文においてSであるものが存在することを前提にするやり方は、アリストテレスの論理学のやり方にほかならない。)

(79) 全称と存在に関連して、余談ではあるが、「エピメニデスのパラドクス」についてひとこと述べてみたい。しばしば次のようなエピソードがパラドクスとして述べられている。「エピメニデス曰く、クレタ人はみんな嘘つきだ。しかし、どう考えればよいのか、エピメニデスその人もまた、クレタ人だったのだ!」つまり、もしエピメニデスが嘘つきならば、この発言も嘘であり、それゆえ、クレタ人は実はみんな正直者ということになるが、そのときエピメニデスも正直者のはずであるから、そのときこの発言は正しく、クレタ人はみんな嘘つきだということになる、さあ困った、というわけである。しかし、困ることはない。実はこれはいささかもパラドクスではないのである。この続きは注83に書くことにしよう。しばし、考えてみていただきたい。

(80) 注78参照。現代の標準的な論理学では、「すべての哲学者は矛盾を好む」と「すべての哲学者は矛盾を好まない」は両立可能とされる。「すべての哲学者は矛盾を好み、かつ、矛盾を好まない」は、つまり「哲学者など存在しない」ということを意味するものとされるのである。しかし、日常的には、「すべての哲学者は矛盾を好む」という主張は哲学者の存在を前提にしていると考えられる。そして本書は、この点で、現代の標準的な論理学のやり方ではなく、より日常の考え方に即したやり方をとる。

(81) 私にはよく分からないのだが、「花子は休まないべきだ」というのはまともな日本語なのだろうか。そしてそれが意味の通る言い方であるとして、それは「花子は休むべきではない」と同じ意味なのだろうか。私個人の感じでは、「休まないべきだ」はまともな日本語ではない。そして、もし「休まないべきだ」のように言う人がいたら、違和感をおぼえつつも、私はそれを「休むべきではない」と同じ意味に理解するだろう。

(82) 注76の問題の解説:森田良行『基礎日本語辞典』(角川書店)によれば、「来ないはずだ」の場合には「まだ来る可能性が残されている」という含意が

あり、それに対して「来るはずがない」の場合には「来る可能性はまったくない」という含意がある。そこで、どうしてそうなるのかということを私なりに考えてみた。こうした例文において「はず」というのは、「当然である」ことを意味している。だが、当然のことをあえて言わなくてはならない場面というのは、むしろ迷いがあるときだろう。それゆえ、「……のはずだ」と言うとき、そこに迷いが影のように寄り添うのである。（たとえば、「たしかここらへんにあったはずだが……」は、当然のことが満たされていないことの表明にほかならない。）それゆえ、「来ないはずだ」という言い方のうちにわれわれはむしろ迷いを読み取るのである。他方、「来るはずがない」は基本的に否定文である。つまり、「来るはず」ということを否定しているのであり、それゆえ、もしこれがきっぱりした口調で発言されたならば、それはつまり、「来るはず」ということがきっぱりと否定されたということなのである。

(83) 注79の続き：このパラドクスもどきにおいてわれわれは二つの否定によってごまかされてしまっている。第一に、「嘘つき」の否定は「正直者」ではない。第二に、「みんな嘘つきだ」の否定は「嘘つきでない人もいる」である。それゆえ、単純にエピメニデスの主張「クレタ人はみんな嘘つきだ」を偽であると考えることができる。それはたとえば、クレタ人には嘘つきも正直者もいるし、そしてまた嘘つきとも正直者ともどちらとも言えない人々もいる、というごくふつうの状況である。そのとき、偽な発言をしたエピメニデスは嘘つきだったのかもしれないし、あるいは嘘つきというほどではないが、たまたま嘘をついたのかもしれない。いずれにせよ、これは少しもパラドクスではない。

第8章　条件構造

(84) この第8章と続く第9章は、ある意味で、本書においてもっとも「野心的」でない章になっている。ここでそのことに関連して、教師向けに少し述べておきたい。

　これらの章の原型となった題材に対する学生たちの平均的反応は、「実用的ではないが、面白いところもある」というものだった。意見のばらつきは、「少し面白い」から「けっこう面白い」の間にあり、実用的ではないという点に関しては意見が一致していた。曰く「箱庭的である」、曰く「けっきょく記号論理じゃないの」、云々。まあ、そうなのだが、まったく実用的でないというの

はまちがっている。批判にさらされた私は、演繹のトレーニングとして何が必要とされるのか、と自問した。そして考えたのが、われわれは「A、それゆえB」といった単発の演繹はけっこうするのだが、それが組み合わされた複数のステップをもつ演繹となるとかなり弱い、ということだった。だから、その点を練習することには意義がある。では、複数のステップをもった演繹にはどのようなものがあるのか。もっとも基本的なものは、条件構造をもつ主張をつなげてより遠くへと帰結を引いていくことである。しかも、対偶を利用しながらそうすること。第8章はまさにそのトレーニングにほかならない。条件構造と対偶に焦点を絞ったために、問題はたしかにいささかパズル的になっているが、これを日常言語のさまざまな要因を含んだ場面で展開することはまったく今後の課題である。そして、やがて現われるであろうその本格的な演繹のトレーニングにおいても、ここでやったようなことは基本的な力として生かされてくると私は信じている。

　第9章は存在主張の扱い方や背理法という、いっそう技巧的な話題であるが、これも同じ精神のもとで書かれている。つまり、日常言語の演繹に見られる多様性にアプローチするのではなく、単純な技術を組み合わせて複雑なステップを作っていくこと。見ていただければ分かると思うが、問題はけっして単純ではない。しかし、それを考えていくひとつひとつのステップは単純である。論理パズル風の問題に頭をひねりながら、そのあたりのところをぜひ練習してほしい。そしておそらくは、けっこう楽しめるのではないかとも期待している。

(85)　日常言語の条件文の中にはこの点に関してきわめて興味深いふるまいをするものがある。だが、その問題にここで立ち入ることはまったく得策ではないだろう。というのも、注84で述べたように、ここでのトレーニングのポイントは、日常の演繹の多様性を取り扱うことではなく、単純な基本的ステップを組み合わせて複雑な演繹を組み立てることにあるからである。とはいえ、こういうことが気になる人のために二つ問題を出しておこう。(1)「一所懸命勉強するなら、親は口うるさく言わない」という条件文の対偶は何か。(2)「いたずらしないならば、君はおやつをもらえる」という条件文では、裏もまた成立するのではないか。——答えは注90に書いておく。また、日常言語の条件文の中には、「のどがかわいているなら、冷蔵庫に麦茶があるよ」といったものもある。こうした条件文の扱いに興味をもつ人は、坂原茂『日常言語の推論』

（東京大学出版会）を読んでみるといいだろう。もちろん、論理トレーニングの本ではなく、理論書である。

(86) 相手の演繹の誤りを指摘するのに、きわめて印象的なやり方がこの、相手の演繹と同じ形式をもつ、しかも明らかにナンセンスな演繹の提示、という方法である。たとえば、「サラブレッドは脚が速い。でも、あの馬はサラブレッドじゃないから、そんなに速くないさ」は、演繹の形式としては誤っている。そこで、「君の論法でいくと、『スズメは空を飛ぶ、でもあの鳥はスズメじゃないから、空は飛ばない』ってことになるぜ」、と反論するのである。しかし、相手が両者の演繹を同じ形式だと認めてくれなかったならば、まあ、お手上げではある。

(87) 瀬川至朗『健康食品ノート』（岩波新書）を参考にした。

(88) 誤った演繹であることを説明するというのはなかなか難しい。ここで述べたような説明の仕方だけでなく、他にも考えられるだろう。たとえば、尊敬されるということから冷静であることを導きたくても、与えられた前提およびその対偶のどれも、「冷静である」を帰結として導くようなものではない。その点を指摘するといったやり方もある。

(89) イセエビは英語で spiny lobster（トゲトゲロブスター）というが、イセエビとロブスターは別物である。イセエビはもちろんエビであるが、ロブスターは「ウミザリガニ」とも呼ばれ、むしろザリガニの仲間とされるのである。それが証拠に大きなハサミがついている。もっとも、ハサミに関しては、正確には、イセエビでも雌の第5脚が不完全なハサミになっていて、それで腹部の卵の掃除をしたりするそうである。

(90) 注85の問題の解説：(1)「一所懸命勉強するなら、親は口うるさく言わない」の対偶を「親が口うるさく言うなら、一所懸命勉強しない」のようにすると、妙なことになる。一般に因果関係を表わした「ならば」は対偶をとるとおかしなことになりがちである。しかし、対偶をとれないわけではない。いまの場合であれば、「親が口うるさく言わないでいるならば、それは彼が一所懸命勉強しているということだ」のように考えればよい。一般に、「原因Aが起こるならば結果Bが起こる」の対偶は、「結果Bが起こっていないならば、原因Aも起こっていないということだ」のようになる。

(2)「いたずらしないならば、君はおやつをもらえる（①）」の裏は「いたずらすると、君はおやつをもらえない（②）」である。そしてこの場合、①はそ

の裏である②を含意しているように思われる。だが、①の発言は、ふつうの状況において、そもそも②をも意味しつつ発言されていたと考えるべきだろう。つまり、「いたずらしないならおやつをもらえるけど、いたずらしたらもらえないぞ（③）」という趣旨のことを、ふつうわれわれは①の発言によって伝えているのである。①の発言が伝えようとしている意味内容はもともと③であり、ふつうの状況では、われわれはそれを全部言い切らずとも①の形だけで伝えられる。これは、日常会話に見られる省略的言い方のひとつの例であると考えられる。

第9章　推論の技術

(91)　ある学生に、「嘘をつく」というのは必ず「まちがったことを言う」ものなのかと質問され、考えこんでしまったことがある。たとえば、太郎が自分は胃がんだと信じ込み、しかし花子には胃潰瘍だと嘘をつく。しかし、実はそれは太郎のまちがいで、太郎は本当に胃潰瘍であったとする。そのとき太郎は「嘘をついた」のだろうか。私の感じでは、太郎はやはり「嘘をついた」のである。だとすれば、正しいことを言いながらも、嘘をつくこともありうることになるだろう。しかし私は私のこの感じにあまり自信をもてない。

Ⅳ　議論を作る
第10章　批判への視点

(92)　本来ならば、もうひとつ「意図の問い」を加えた方がよいだろう。発言の意図についての問いはさらに二種類に大別される。第一に、部分的には理解できても、あまりに散漫で全体として何を言いたいのか不明であるときには、言いたいことが何かを質問しなければならない。第二に、意味内容は分かるのだが、なぜそれをこの場面でとくに言わなければならないのか、発言の意図が分からない場合にも、それを質問しなければならない。コンパクトな練習問題を作れないという理由で本文の叙述からははずしたが、実際の場面ではこれも重要な質問である。

(93)　中野孝次「河童の血筋」に基づく。なお、参考のために原文を挙げておこう。「日本文化は日本人にしか理解できないなんて意見は、われわれには外国

文化が理解できぬというにひとしい愚劣な意見である。特殊を前提にしなければ普遍性はありえないのだから。」──たいへん難解な文章である。(なお、この例文は沢部ひとみ『評論なんかこわくない』(飛鳥新社)からとった。)

(94) 「特殊を前提にしなければ普遍性はありえない」の裏を「特殊を前提にすれば普遍性が可能となる」ととらえる人がいるかもしれない。しかし、そのとらえ方よりも、「特殊を前提にすれば必ず普遍性がえられる」を裏と考える方が正当だろう。「必ず」とか「ありうる」といった様相がかかっているときの逆・裏・対偶には、厳密に言えば、注意が必要である。以下、様相論理にある程度なじんでいる読者に対してのみ、コメントする。「特殊を前提にしなければ普遍性はありえない」は、「(特殊を前提にしない──→普遍性はない)は必然的」と解釈できる。それゆえ、その裏は「(特殊が前提にされる──→普遍性がある)は必然的」となる。これに対して、もし「特殊を前提にしない──→普遍性がないことは必然的」と解釈してしまうと、その裏は「特殊が前提にされる──→普遍性があることは可能」となる。しかし、第一の解釈の方が正当だと思われる。

(95) 動機を攻撃して相手の発言内容を却下するというのは虚偽論などで扱われる虚偽のひとつの典型であるが、実はまったくの虚偽というわけでもない。たしかに、虚偽論が指摘するように、不純な動機がみえすいている人物の発言にも真実はあるかもしれない。しかし、その検討にいちいち時間をさく余裕のないときには、不純な動機の発言にはそもそも耳をかさないというのが現実的態度というものである。ただし、それはそういう人物とはなるべく議論しないようにするということであり、ひとたび議論の土俵に上がってしまったならば、不純な動機を指摘してことたれりとするのは、やはりフェアなやり方ではない。

(96) ディベートについて基本的なことを一言だけ述べておこう。ディベートはディスカッション(自由討論)ではない。二組に分かれ、審判がいて、勝敗を争う競技である。たとえば「大学入試は廃止すべきだ」といったテーゼを巡り、肯定派と否定派に分かれる。そして、まず一定時間内に肯定派が立論する。それが終わると否定派が質問をし、肯定派が応答する。次に否定派が立論し、それに対して肯定派が質問をする。次に、否定派の肯定派への反論が出され、その後で肯定派の否定派への反論が出される。こうしたやりとりを何回か繰り返し、それに対して審判が、論点の把握の的確さ、反論の有効性、論証の説得力といった観点から評価するのである。詳細はディベートに関する本を参照し

ていただきたい。

　ディベートに関する本はかなり多数出ているが、きちんとした本は少ない。一冊を挙げておくならば、佐藤喜久雄・田中美也子・尾崎俊明『教室ディベート入門』（創拓社）などが教師としては実際的でよいのではないだろうか。「中学・高校教師のための」とされているが、大学の教師が利用して悪いということはない。（「ディベート」と銘打った本の中にはいま述べたような正式な意味でのディベートを扱ったのではないような本も多くあり、中には私としてはいささか驚かざるをえない内容のものもある。旧版においてはお名前を挙げさせていただいてその驚きを表明したが、どうもその著者の方を怒らせてしまったようなので、ここではもう多くを語らずにいようと思う。）

(97)　森本哲郎『日本語　表と裏』（新潮文庫）をもとに改変。（原文は沢部ひとみ『評論なんかこわくない』（飛鳥新社）からとった。ところで、先にも利用させていただいた、この『評論なんかこわくない』という本は接続表現に注目して評論文を読み解くという受験参考書で、本書にも通じる内容をもっている。だからというわけではないが、とてもよい本である。）

(98)　論点は井上章一「性はまさしく商品である。ルックスは明らかに市場価値をもつ」（『日本の論点』（文藝春秋）所収）に基づく。参考のために、原文で展開されている他の論点も紹介しておこう。まず、江戸時代だけでなく、「イスラムの原理主義もまた、女を差別するが、そういう文化圏にも、ミスコンは存在しないのだ」と指摘する。そしてさらにこう議論する、「ここで、どこかの喫茶店に美人のウェイトレスがいたとしよう。彼女の美貌には明らかに客を動員する力がある。彼女の美貌は、店に利益をもたらし、資本を生み出す力がある」。だが、経営者はその対価を支払わず、結果として彼女は搾取されている。他方、ミスコンの勝者は「その美貌のゆえに報酬を受け取るべきなのである。その意味で、ミスコンのお嬢さん方は、搾取に甘んじていない人たちなのであり、むしろ、女性の社会参加を積極的に実践しているといえるのではないか」。注番号のついていない例題や練習問題は私が作成したものだが、これらの問題を読んだ門脇俊介氏は、「君のはインパクトがない。やっぱり本物は迫力が違う」という感想を洩らしていた。私はといえば、いまの議論を紹介しただけで疲れてしまったのだが、学生諸君に言いたい。これで疲れていては世の中渡っていけないのだ。

(99)　論点は石堂淑朗「セクハラ？　日本にそんなものあるわけがない」（『日本

の論点』(文藝春秋)所収)に基づく。借りたのは論点だけで、文章はよりインパクトの少ない形に書き換えさせていただいた。一部分だけ、原文を抜粋してみよう。「セクハラ、セクハラと叫びたてる手合いは、己こそ女権の擁護者と信じて疑わないアメリカ民主主義の追随者なのである。そのアメリカ民主主義とやら、いったい何文の値打ちのものか。過日のロス暴動を持ち出すまでもない。誠に結構な代物。(中略)カトリック、アングリカンのヨーロッパにセクハラの声を聞かず、アメリカにのみ声高なのは、彼らがメイフラワー号に乗って海を渡ったプロテスタントの後裔の故に決まっている。」──まさに、「本物は迫力が違う」。このような議論を前にすると、私は、本書を世に問うことの無意味さを信じそうになってしまうほどである。

(100)　ここに挙げた論題例は、なるべく予備知識なしで論じることのできるものをと考え、身近なものを選んだ。教室では、学生の関心や知識に応じた論題を提示することが望ましい。また、事実に関する論題は控えるようにしたが、これも予備知識を前提にしないようにという配慮からのことである。それゆえ、可能と判断されたならば、たとえば「日本に騎馬民族はやってきたのか」等々のような論題を出してもよいだろう。

(101)　橋本治『人はなぜ「美しい」がわかるのか』(ちくま新書)を参考にした。質問しやすいように議論は少しラフにしてある。

(102)　川本敏編『論争・少子化日本』(中公新書ラクレ)を参考にした。とくに、川本敏による解題と猪木武徳「移民政策の論点を見失うな」を参考にした。

第11章　論文を書く

(103)　『小論文』(学研)による。この本は小論文に関する受験参考書の標準的なものであると思われるが、中には、論理トレーニングの観点から学ぶべき点を十分にもっている受験参考書もある。私が感心したのは、岡田寿彦『論文って、どんなもんだい』(駿台文庫)である。かなり根底的なところから論文を書くという問題を追求している。受験参考書として優れたものかどうかは私には判断できないが、論理トレーニングとしては優れた著書である。

(104)　この箇所に対して門脇俊介氏から寄せられた意見を紹介しておきたい。自然保護のような問題に関しては、誰もが分かっているはずの正論を凡庸を承知で繰り返し発言しなければいけないのだ、というのである。これを聞いて私は、

いささか調子にのって書いていた私の叙述を恥じた。つまり、「たんなる作文＝気のないもの」という図式は適当ではない。気合いの入ったたんなる作文もあるし、あるべきなのである。ただ、本文の叙述との関連で言えば、それはやはり「論文」ではない。誰もが分かっているはずの正論がどうして浸透しないのかという「問題」を巡って考察するならば、それは論文となるだろう。しかし、その正論をそのままに繰り返すのであれば、それは論文ではなく、シュプレヒコールである。

(105) かくして、単純計算でいって論述の分量は4倍になる。総じて、十分な分量のレポートを書くことができないでいる学生は、「自分の言いたいことが何でないのかを書く」ということと「なぜそう言えるのかを書く」ということが身に染みていないのである。実際、ただひとつの主張のためにあらゆる手を尽くして長大な論文を書くこともある。ときにそれがたんなる学問気取り(ペダントリー)に堕している場合もあるが、ぜひ、気のきいた主張がポンポン出てくる文章ではなく、アカデミックな手続きを踏んだ地味な論文も読んでみてほしい。

あ と が き

　私の信頼するある人から、旧版の『論理トレーニング』と『論理トレーニング 101 題』を使った授業をそれぞれ行なった感想として、こんなふうに言われたことがある。『101 題』の方は問題も説明もすっきりしていて、それを紹介すれば教師も「そうですね」ぐらいしか言うことがない。だけど、『論理トレーニング』（旧版）はけっこうつっこみどころが多いので、「著者はこう書いてますが、これは違うでしょう」とか「ここは分かりにくいけど、つまりこういうことなんですよ」とか言える。その意味で、『101 題』よりも『論理トレーニング』（旧版）の方が教科書としては使いやすい。なるほど、と思った。同じような経験は、他人の書いた本を教科書に使ったときに、私自身も感じていたことである。
　教科書は、実のところ、一分の隙もないものよりも適度にヘボな方が、教師としては使いやすかったりする。その意味では、この「新版」は「改悪」であったかもしれない。少なくとも、私自身が授業で見つけた旧版のヘボは撲滅してしまった。（だって、考えてもみてほしいのだけれど、自分で書いた本を使っていて、「著者はこう書いているけど、おかしいですねえ」とか言ったら、バカでしょう。著者なんだから。）しかし、幸か不幸か、おそらくまだまだつっこみどころが散見されるに違いない（満載ではありませんように）。どうか教師はそれを目ざとくみつけ、むしろ教室でのディスカッションの材料にしていただきたい。また、独習用に本書を用いている読者は、ぜひ本書全体が論理トレーニングの問題であると心得て、私が与えた説明や解答をも、批判的まなざしでとらえ返してほしい。これはけっして居直りではない。ほんとうに、本心から、そう思う。
　私自身が、授業を通して、さまざまな不備、不具合を旧版に見出してき

た。その結果として、今回、このような形で論理トレーニングはさらなる進化を遂げることができた。この新版の原稿も、一学期間、東京大学教養学部における文系新入生向けの少人数授業で、試運転を行なっている。かなり生き生きと反応してくれる学生諸君に恵まれたおかげで、その試運転を通して、さらに改良が加えられもした。おそらく、これからも、論理トレーニングはまだまだ進化していくに違いない。私自身、本書が完成形だなどとはまったく考えていない。しかし、正直に述べて、私は本書において自分のやれるだけのことはやったように感じている。旧版でも書いたことだが、あとは、論理トレーニングという考えに共感してくれたひとが、いっそう多彩で充実したテキストを作ってくださることを、応援したい。

2006年 夏

野 矢 茂 樹

（追記）練習問題2の問2(1)(2)の解答に対して、竹内聖一氏から助言をいただき、第9刷から訂正することができた。竹内氏に感謝したい。また、本書を教科書として使用する教師の方々には、学生が第8刷までのものを使用していた場合に訂正をお願いしたい。　　　　　　　2009年4月

〈著者略歴〉

野矢茂樹(のやしげき)

1980年　東京大学教養学部教養学科卒業
1985年　東京大学大学院博士課程修了
1987年　北海道大学文学部助教授
1990年　東京大学教養学部助教授
2007年　東京大学教養学部教授
2018年　立正大学文学部教授
　　　　現在にいたる

主な著書：『論理学』(東京大学出版会)、『心と他者』(勁草書房)、『哲学の謎』『無限論の教室』(以上講談社現代新書)、『論理トレーニング101題』(産業図書)、『哲学・航海日誌』(春秋社／中公文庫)、『はじめて考えるときのように』(PHP研究所)、『論理哲学論考を読む』『同一性・変化・時間』(以上哲学書房)、『ここにないもの』(中公文庫)、『他者の声　実在の声』(産業図書)、『入門!論理学』(中公新書)、『大森荘蔵－哲学の見本』『語りえぬものを語る』『哲学な日々』『心という難問』(以上講談社)、『増補版 大人のための国語ゼミ』(筑摩書房)

哲学教科書シリーズ
新版 論理トレーニング

2006年11月20日　初　版
2024年 6月30日　第27刷

著　者　野矢茂樹
発行者　飯塚尚彦
発行所　産業図書株式会社
　　　　〒102-0072　東京都千代田区飯田橋2-11-3
　　　　電話　03(3261)7821(代)
　　　　FAX　03(3239)2178
　　　　http://www.san-to.co.jp
装　幀　戸田ツトム

印刷・製本　平河工業社

© Shigeki Noya　2006
ISBN978-4-7828-0211-3　C3310

「哲学教科書シリーズ」発刊にあたって

このシリーズの趣旨

　「哲学」、「倫理学」、「論理学」などの授業科目名で、これまで、「一般教育科目」として大学の前期課程の学生にたいして教授されてきた一群の科目は、専門的な知識、技能の習得をはなれ、人間として、市民として身につけるべき高度ではあるが基本的な背景を各学生に与えるために、欠くことができない分野である。

　現在日本の大学が経験している、大きな変革の中でも、これらの科目群の重要性は減るどころか、ますます増えているように思われる。同世代人口の半分近くが、高等学校卒業後もなんらかの形で教育を受ける社会が到来し、大学では何を、どのように教えるべきかという問題にたいして具体的な解決が求められている今、人文社会科学と自然科学のような異なる分野のあいだに分かりやすさを作り出すことのできる、哲学の役割はきわめて重要なものであろう。

　今なによりも必要なものは、「哲学」という科目がもつまさにこの重要性を自覚し、しかも、現代の学生の背景、関心を十分に考慮して、この科目が学ぶに値するものであることを知らせるための「教科書」である。何度も参照され、議論の基礎となる教科書を学生の手許に届けてやることこそ、哲学教育の第一歩であろう。残念ながら、現在までの日本の哲学教科書の著者たちは、そのような自覚を鮮明にする必要がなかった。しかし、まず良い教科書を作ることが、現在の大学改革の進行の中で、哲学者たちが果たすべき義務であり、哲学の研究の進歩も、このような基礎的な教育にかかっていると考えられる。

　以上が、このシリーズを構想し、その内容を構成するときに基本となった考え方である。

編集の方針

　以上の趣旨を踏まえて、本シリーズでは、「教科書として使える」ということを主眼として、以下のような工夫を試みた。

- 今後、各大学で半年（セメスター）で完結する授業予定（シラバス）が一般的になることを想定して、イントロダクション、試験、予備日以外に1時間半12コマの授業の実施計画に適合しやすい構成とした。
- まったく予備知識のない高等学校卒業生に理解できることを目指して平易な記述と図示をこころがけただけでなく、他分野にわたる専門知識についても解説を行ない、使用している教科書だけで基本事項に理解が自己完結するようにした。
- 索引、用語解説等を完備するだけでなく、各章に「練習問題」を付し、授業での演習の効果をあげられるように、また、復習、自習の一助となるように、はかった。

加藤尚武
土屋　俊
門脇俊介

哲学教科書シリーズ
記号論理入門
金子洋之

2400円／198頁／A5判／978-4-7828-0201-4

予備知識なしに記号論理を学ぶための入門書。内容を自然演繹の体系に絞り、また最初から述語理論を念頭において叙述を行ったため、きわめてコンパクトであるにもかかわらず、論理学の概要と証明の細かい技法が学べるようになっている。

哲学教科書シリーズ
現代アートの哲学
西村清和

2800円／276頁／A5判／978-4-7828-0202-1

現在伝統的な「芸術」は、より曖昧で多彩な「アート」へと拡散しつつあり、従来の美学や芸術哲学の枠組みではもはや対応できない。本書はアートのみならず、キッチュや悪趣味、写真や広告といった大衆消費社会における多様な美的文化を哲学として論じるための、新しいパラダイムの構築をめざす。

哲学教科書シリーズ
現代哲学
門脇俊介

2400円／228頁／A5判／978-4-7828-0203-8

知識論、言語論、行為論の三つの問題系から現代哲学の争点を紹介した、現代哲学への入門書。英語圏の分析哲学系の哲学者たちの議論だけではなく、ハイデガーや脱構築思想などのヨーロッパ哲学の持つ意味についても明快に記述している。

哲学教科書シリーズ
科学哲学
小林道夫

2400円／214頁／A5判／978-4-7828-0204-5

近代科学の形成過程から始めて、物理理論の特性を解明し、ついで科学哲学上の様々な立場を紹介しながら科学的相対主義や科学的実在論などの現代の科学哲学の主要問題を扱う。

哲学教科書シリーズ
生命倫理学入門（第4版）
今井道夫

2400円／212頁／A5判／978-4-7828-0213-7

2005年の第2版に続く改訂版。章や節の構成は変えずに、下記部分で修正や加筆をしている。日本産科婦人科学会の会告について（第3章）。改正臓器移植法について（第4章）。2008年の「ヘルシンキ宣言」ソウル修正版について（第5章）。高齢者の福祉について（第12章）。

哲学教科書シリーズ
人間学とは何か
菅野盾樹

2400円／234頁／A5判／978-4-7828-0207-6

人間とは何者なのか、人間としてどう生きるべきか…人間のあり方に深く根ざしたこうした問いの知的探求、それが「人間学」という困難ではあるがこの上なく興味深い未完の企てである。「人間学」の可能性を基礎から訊ね、人間の新たな自己了解を模索する。

哲学教科書シリーズ
知識の哲学
戸田山和久

2600円／284頁／A5判／978-4-7828-0208-3

知識を獲得するとは、科学を営むとは、いかなる「現象」なのか。正当化は知識に必要なのか。認知活動の目的は真理に至ることなのか。古典的な「知識の哲学」を解体し、自然現象としての知識を捉える新たな認識論のパラダイムを構築する、意欲的・個性的な教科書。

哲学教科書シリーズ
倫理とは何か
——猫のアインジヒトの挑戦——
永井 均

2200円／240頁／A5判／978-4-7828-0209-0

倫理とは何か。本書は道徳という不可思議な現象について、従来の倫理学書とは異なる「道徳外的」視点から書かれた全く新しい教科書。道徳的善悪そのものを疑う、いわば逆転した倫理学である。

価格は税別

他者の声　実在の声	野矢茂樹	2200 円
論理トレーニング101題	野矢茂樹	2000 円
形式論理学 その展望と限界	R. ジェフリー 戸田山和久訳	2800 円
日常言語の論理学	J. オールウド, L.-G. アンデソン, Ö. ダール 公平珠躬, 野家啓一訳	2600 円
流れとよどみ 哲学断章	大森荘蔵	1800 円
哲学の迷路 大森哲学・批判と応答	野家啓一編	3200 円
名指しと必然性 様相の形而上学と心身問題	S. A. クリプキ 八木沢敬, 野家啓一訳	2700 円
ウィトゲンシュタインのパラドックス 規則・私的言語・他人の心	S. A. クリプキ 黒崎宏訳	2400 円
『論考』『青色本』読解	L. ウィトゲンシュタイン 黒崎宏訳・解説	3300 円
哲学と自然の鏡	R. ローティ 野家啓一監訳　柴田正良, 野家伸也, 須藤訓仕, 伊藤春樹 訳	5800 円
ハイデガーと認知科学	門脇俊介, 信原幸弘編	3200 円
心の社会	M. ミンスキー 安西祐一郎訳	4300 円
科学論の実在 パンドラの希望	B. ラトゥール 川﨑勝, 平川秀幸訳	4500 円
〈ほんもの〉という倫理 近代とその不安	C. テイラー 田中智彦訳	2500 円
科学者の責任 哲学的探究	J. フォージ 佐藤透, 渡邉嘉男訳	3800 円
ヴィジュアル・アナロジー つなぐ技術としての人間意識	B. M. スタフォード 高山宏訳	3200 円
モナドの窓 ライプニッツの「自然と人工の劇場」	H. ブレーデカンプ 原研二訳	3500 円
芸術家ガリレオ・ガリレイ 月・太陽・手	H. ブレーデカンプ 原研二訳	6000 円
ヴァーチャル・ウィンドウ アルベルティからマイクロソフトまで	A. フリードバーグ 井原慶一郎, 宗洋訳	3800 円
数理言語学事典	畠山雄二編 本田謙介, 今仁生美, 松崎拓也, 宮尾祐介, 但馬康宏, 田中江扶	2500 円

価格は税別